GOLDMANN
ARKANA

Buch

Alle Menschen haben innere Ressourcen, mit denen sie Großes und Einmaliges schaffen können. Doch viele haben noch nicht den richtigen Kontakt zu ihrem persönlichen Potenzial oder werden von irgendetwas daran gehindert, es in ihrem Leben zu verwirklichen.

Kurt Tepperwein legt hier ein praktisches und methodisches Konzept vor, um diese Ressourcen zu erschließen. Nach einer Bestandsaufnahme und Präzisierung der entscheidenden Lebensfragen zeigt er, wie wir mit unseren Gedanken, Haltungen und Einstellungen unser Leben entfalten können. Wie wir unerwünschte Emotionen und Eigenschaften – Ärger, Ängste, Zweifel etc. – verwandeln und unseren persönlichen positiven Eigenschaften und Errungenschaften Ausdruck verleihen. So können wir das Fundament und das schützende Dach unseres Lebenshauses gestalten.

Autor

Kurt Tepperwein, geboren 1932 in Lobenstein, war erfolgreicher Unternehmer, ehe er sich 1973 aus dem Wirtschaftsleben zurückzog. Er wurde Heilpraktiker und Forscher auf dem Gebiet der wahren Ursachen von Krankheit und Leid. Er lehrte als Dozent an verschiedenen internationalen Institutionen, unter anderem an der Friedensuniversität in Berlin. Seit 1997 ist er Dozent an der Internationalen Akademie für geistige Wissenschaften in Vaduz. Die von ihm entwickelte Technik des Mental- und Intuitionstrainings ist heute für viele Menschen unverzichtbarer Bestandteil ihres Lebens.

Von Kurt Tepperwein sind im Goldmann Verlag außerdem erschienen:

Die Geistigen Gesetze (21610)
Geistheilung durch sich selbst (11738)
Kraftquelle Mentaltraining (12141)
Jungbrunnen Entsäuerung (14207)
Der Weg zum Millionär (21551)
Bewusstseinstraining (21549)
Wunder vollbringen durch schöpferische Imagination (21642)
Gesund für immer (21703)
Von Angst zur Lebensfreude (21734)
Gelassenheit (21738)
Erfinde dich neu (21752)
Die hohe Schule des Lebens (21762)
Selbstheilungskräfte aktivieren (21769)
Das Buch der Erfolgsgesetze (21789)
Die Kraft der positiven Psychologie (21793)
Das Geldgeheimnis (16380)

KURT TEPPERWEIN

Verwirklichen

Vom positiven Denken
zum positiven Leben

GOLDMANN
ARKANA

FSC
Mix
Produktgruppe aus vorbildlich
bewirtschafteten Wäldern und
anderen kontrollierten Herkünften

Zert.-Nr. SGS-COC-1940
www.fsc.org
© 1996 Forest Stewardship Council

Verlagsgruppe Random House FSC-DEU-0100
Das FSC-zertifizierte Papier *München Super* für Taschenbücher aus dem
Goldmann-Verlag liefert Mochenwangen Papier.

2. Auflage
Originalausgabe Februar 2006

Umschlaggestaltung: Design Team München
Umschlagfoto: photonica / Theo Allofs
Satz: Uhl+Massopust, Aalen
Druck: GGP Media GmbH, Pößneck
Redaktion: Ralf Lay, unter Mitarbeit von Klaus Jürgen Becker
WL · Herstellung: CZ
Printed in Germany
ISBN 978-3-442-21735-9
www.arkana-verlag.de

Inhalt

Vorwort

Dieses Buch möchte Sie dazu motivieren und Ihnen dabei eine Hilfe sein, Freude, Harmonie und Positivität zu empfinden und vor allem auch die *Verwirklichung* des positiven Denkens in Ihrem Alltag zu leben. Dazu stellen wir uns Fragen, wie wir etwa mit Problemen, Sorgen, Ärger, Krankheit oder Misserfolg umgehen und wie wir Probleme in Lösungen, Sorgen in Vertrauen, Ärger in Mitgefühl, Krankheit in Vitalität, Misserfolg in Erfolg umwandeln können.

Es werden hierzu Techniken wie die des Loslassens oder das Leben nach den geistigen Gesetzen vorgestellt und anhand der verschiedenen Alltagssituationen an praktischen Beispielen erläutert. Erst wenn wir verinnerlicht haben, dass unsere Probleme Geschenke des Lebens an uns sind, haben wir das Vertrauen, ihnen ins Auge zu sehen, und sind imstande, sie anzunehmen, wie sie sind – und vor allem auch, uns selbst anzunehmen –, um so zu bestimmten Erkenntnissen zu gelangen, Einsichten zu gewinnen und innerlich zu wachsen.

Es hat sich gezeigt, dass die Grundlage und der Sinn des positiven Denkens oftmals falsch verstanden und nicht wirklich in die »Praxis« umgesetzt werden. In der ersten Euphorie wird von so manchem vermeintlich positiv gedacht, doch ohne eine solide Basis. Und nicht wenige belassen es beim scheinbar positiven Denken und wundern sich, dass in ihrem Umfeld keine guten Früchte austreiben. Damit ein Baum Früchte hervorbringt, braucht es Trieb, Antrieb, also eine nach außen in die Welt drängende Kraft. Diese stammt wohl aus dem Inneren, muss aber eben nach außen drängen, um sich *verwirklichen* zu können, d.h., zu *wirken* und *Wirk*lichkeit zu werden.

»Es gibt nichts Gutes,
außer man tut es.«
Erich Kästner

Die solide Basis, der gute Boden, in dem der Lebenserfolg wurzeln kann, ist ein tiefes Verständnis der grundlegenden Positivität des Daseins, die Erkenntnis, dass Positivität nichts ist, was man sich nur einredet. Wir müssen erkennen, wie positives Denken richtig angewandt wird, sodass es fruchten kann, und wo die Gefahren und Fehlerquellen falsch verstandenen »positiven« Denkens liegen.

Eine wesentliche Basis für unseren Lebenserfolg ist die Sinnfindung und Sinnstiftung. Denn der Lebenssinn birgt in sich die Kraft, uns durch Zeiten des Misserfolgs und scheinbaren Versagens hindurchzutragen. Eigentlich macht die Natur das sehr weise: Durch vermeintlich sinnlose Fehlschläge prüft sie all die »Ikarusse«, die die Flugkunst nicht beherrschen, eben solche, die einfach nur abheben wollen und dabei übers Ziel hinausschießen, ohne bereit zu sein, durch Licht und Schatten des eigenen Weges hindurchzugehen und dem Sinn ihrer Visionen und Träume nachzuspüren. Deshalb wird in einem Teil des Buches dem Thema Lebenssinn ein besonderer Rang eingeräumt.

Ein weiterer Faktor ist das Leben in Einklang mit den Natur- bzw. geistigen Gesetzen. Mit dem positiven Denken setzen wir geistige Kräfte in Bewegung. Wenn aber unser Fühlen und Handeln wie auch unsere Gesinnung eher von Hass, Unredlichkeit und Egoismus geprägt sind, kann das positive Denken nur einen ganz kleinen Teil unseres Wesens durchdringen und verfehlt somit seinen Zweck. Zum positiven Leben gehört also unbedingt ein »ethisches« Leben, d.h. eine Gesinnung, ein Reden und ein Handeln, die in Einklang mit den geistigen Gesetzen stehen. Verstoßen wir gegen sie, zahlen wir dafür einen Preis, und zwar in aller Regel einen höheren, als wenn wir mit dem Weg der Erkenntnis gar nicht erst angefangen hätten…

Diese Zusammenhänge zwischen Positivität, Sinnfindung und der Notwendigkeit, ein ethisches Leben nach den geistigen Gesetzen zu führen, ist bisher viel zu wenig beachtet worden. Hier findet sich der Unterschied zwischen den Senkrechtstartern, die genauso schnell wieder auf den Boden fallen, und denen, die ihr Leben dauerhaft glücklich zu führen in der Lage sind – jenen, die die Gesetze verstanden, erfühlt haben, die geläutert sind, weil sie an Körper, Seele und Geist erfahren haben, wie die Gesetze wirken.

Wer ist mein größter Feind? – *Ich selbst!*
Wer ist mein größter Freund? – *Ich selbst!*

Viele Menschen verhalten sich in dieser Hinsicht aber auch wie Blumen, die sich nie zu blühen trauen, weil sie meinen, dass es nicht gehe. Es ist jedoch die Berufung einer Blume zu blühen. In diesem Buch erfahren Sie mehr darüber, wie es funktioniert.

Ihr Kurt Tepperwein

Positives Denken – Grundlagen

Wenn wir ein Haus bauen, brauchen wir ein Fundament, auf dem wir es errichten. Ähnlich benötigen wir zur Erörterung unseres Themas eine Basis, von der wir ausgehen können. Wenn wir wissen wollen, was es bedeutet, vom positiven Denken zum positiven Leben zu gelangen und so unser Leben zu verwirklichen, dann müssen wir uns zunächst einmal damit beschäftigen, was positives Denken überhaupt ist und wie wir es auf unserem Weg realisieren können. Grundlage dafür ist die Klärung von Fragen wie:

- »Was ist positives Denken?«
- »Was ist positives Leben?«
- »Was ist der Sinn meines Lebens?«
- »Wer bin ich wirklich?«

Wir kommen hierbei nicht darum herum, uns mit einigen Grundlagen der modernen Psychologie auseinander zu setzen, werden dann aber, nachdem das Fundament gelegt ist, sehr schnell in den eigenen Lebensbezug eintreten können, weil das Fundament dann steht und jeder weiß, was gemeint ist. Krempeln wir also die

Ärmel hoch und beginnen wir, unser Fundament zu bauen.

Was ist positives Denken?

Man geht gemeinhin davon aus, dass positives Denken Gesundheit, Wohlbefinden und Erfolg verursacht, doch offenbar ist dies nicht bei jedem so. Es gibt Menschen, die behaupten, das positive Denken habe ihnen nicht geholfen, sondern sie nur noch ärmer, kränker und depressiver gemacht. Andere jedoch schwören auf das positive Denken und erfahren es als die Grundlage eines »geglückten Lebens«. Deshalb ist es auch 20 Jahre nach Erscheinen meiner ersten Bücher über die Kraft der Gedanken immer noch notwendig, den Begriff des positiven Denkens zu klären und seinen Zuständigkeitsbereich klar aufzuzeigen.

Im allgemeinen Sprachgebrauch wird »positives Denken« für eine lebensbejahende, zuversichtliche Haltung verwendet; manche Kritiker sprechen in dem Zusammenhang von Weltflucht, Illusionen, Verdrängung oder Ignoranz. Doch wenn wir uns auf die ursprüngliche Wortbedeutung besinnen, können wir herausfinden, was positives Denken eigentlich bedeutet. Das Wort »positiv« stammt von dem spätlateinischen Begriff *positivus*, was »gesetzt, gegeben« bedeutet und somit »das, was ist«, beschreibt – das »Existierende«. Und so ist »positives Denken« eigentlich nichts anderes, als die Existenz, mein »Hiersein«, zu bejahen, und zwar mit allen Umständen und Begrenzungen, die das Leben mit sich bringt. Wir müssen also zu »dem, was ist«, eine freundliche Einstellung gewinnen. Wir dürfen uns nicht selbst zum Feind werden. Wir dürfen nicht unseren Lebensumständen zum Feind werden. Wir müssen völlig eins werden mit »dem, was ist«. Dies gilt in der Liebe so wie im Leben. Wenn wir nicht bereit sind, mit »dem, was ist«, eins zu werden, haben wir keine Basis für positives Denken, denn es bedeutet immer Selbstannahme.

Wer also positives Denken mit Weltflucht oder »Ist-Flucht« verwechselt, sattelt das falsche Pferd. Im eigentlichen Wortsinne entspricht das positive Denken mehr der Haltung des Zen-Buddhismus: akzeptieren, »was ist«, sein mit dem, »was ist«, weiterentwickeln, »was ist«.

Die Methode des positiven Denkens kann man auch als ein »Werkzeug« auffassen, so wie es viele andere Werkzeuge gibt, mithilfe deren wir unser Dasein zu optimieren vermögen. Denken wir beispielsweise nur einmal an die Astrologie, die Homöopathie, Körpertherapie, die Kraft des Gebetes… Jedes Werkzeug hat seine bevorzugten Anwendungsbereiche, ebenso wie es auch Grenzen der Einsatzmöglichkeiten hat, anhand deren wir es mit Bewusstsein wählen und verwenden müssen. Um es einmal überzeichnet zu formulieren: Wenn ich versuche, mit einem Schraubendreher eine Grube auszuheben, liegt es nicht am Werkzeug, dass ich mich auf ein ziemlich zeitaufwendiges Unterfangen eingelassen habe!

Die »Idee« des positiven Denkens, wie wir es heute verstehen, stammt aus Amerika und hat dort ihre Quellen u.a. in der christlichen Religion. Es basiert auf dem

Glauben an einen gütigen Gott, wie er sich beispielsweise im Psalm 23 widerspiegelt (»Der Herr ist mein Hirte, mir wird nichts mangeln…«).

So ist es kein Wunder, dass Protagonisten des positiven Denkens wie der amerikanische Rhetoriklehrer und Unternehmensberater Dale Carnegie (1888–1955) oder der irisch-amerikanische Philosoph, Jurist und Religionswissenschaftler Joseph Murphy (1898–1981) – beide Longseller-Autoren – mit ihren Theorien eine christliche Färbung verbanden. Doch das positive Denken ist nicht von einer Konfession bzw. einer Glaubensrichtung abhängig.

Die Kraft des positiven Denkens zeigt sich nicht nur zu Beginn des Weges, sondern in jedem Augenblick unseres Daseins neu. Denn stets haben wir die Wahl, eine Gegebenheit zu verurteilen (das wäre das so genannte negative Denken) oder aus einer Situation, in die wir geraten, das Beste zu machen. Negatives Denken bedeutet, »das, was ist«, zu *negieren*, zu verneinen.

Das positive Denken kann uns erst einmal eine leicht rosarot getönte »Brille« verpassen. S.E. Taylor und J.D. Brown haben jedoch 1988 in Experimenten nachgewiesen, dass jene »Brille«, durch die man das Leben beim Beginn der Beschäftigung mit dem positiven Denken sehen kann, sich gerade bei Kranken gesundheitsfördernd auszuwirken vermag.* Wie beim Verliebtsein kann das positive Denken der Vorbote einer späteren

* Vgl. S.E. Taylor und J.D. Brown: »Illusion and Well Being: A Social Psychological Perspective on Mental Health«, *Psychological Bulletin* 103/ 1988, S. 193–210.

Verwirklichung sein, halt so, wie das Verliebtsein uns einen Vorgeschmack darauf gibt, was sich eines Tages in wahre und dauerhafte Liebe verwandelt haben kann. In dem Sinne zeigt sich das positive Denken als Beginn eines Weges, aber es ersetzt nicht das Gehen des Weges selbst. Wer glaubt, durch positives Denken allein Lebenserfüllung zu erreichen, indem er im stillen Kämmerlein sitzt und »gut« vor sich hin denkt, verhält sich ähnlich jemandem, der zu Hause seinen Lottoschein ausfüllt, aber versäumt, ihn auch abzugeben.

Auch wenn wir erst einmal eine rosarote Brille verpasst bekommen, liegt die Aufgabe des positiven Denkens also nicht in einer Schönfärberei. Es muss sich wandeln von der Faszination zum bodenständigen »Akzeptieren ›dessen, was ist‹ – trotz allem«. Positiv zu denken, bedeutet somit nicht, etwas, das wir »ätzend« finden, als »wunderbar« zu interpretieren. Es bedeutet vielmehr zu akzeptieren, dass wir es »ätzend« finden – und zugleich hinzunehmen, dass es da ist. Wenn z. B. Ihr Freund etwas tut, was Sie als falsch oder unangenehm o. Ä. empfinden, akzeptieren Sie, dass Sie ihn dafür gerade nicht besonders mögen. Und akzeptieren Sie, dass Sie eine Art Widerstand ihm gegenüber entwickeln, dass Sie seinetwegen ungute Emotionen haben. Und akzeptieren Sie aber auch, dass er »da ist«. Sobald Sie dies tun, entspannt sich Ihr Denken und Fühlen; und auf einmal können Sie auch das Gute an dem sehen, »was ist«. Das sind auf jeden Fall bessere Voraussetzungen für ein Gespräch mit Ihrem Freund, das ja durchaus konstruktiv verlaufen kann. Und wenn nicht? Nun, vielleicht bekommen Sie durch Ihren Freund eine ungeheure Lernchance – er zeigt Ihnen etwa deutlicher, als Sie es bisher wussten, was Sie nicht wollen. Ihr Freund dient Ihnen auf jeden Fall: als Vorbild – oder als abschreckendes Beispiel …

> »Hinter Gitterstäben saßen zwei,
> die einst gefangen.
> Der eine sah den Straßenkot –
> der andere Sterne hangen.«
> *Dale Carnegie*

Voraussetzung für positives Denken ist eine »positive Geisteshaltung«. Dies bedeutet, den Geist im Positiven zu halten. Auch hierüber bestehen oftmals Missverständnisse. Eine positive Geisteshaltung bedeutet nicht, die Kithara zu spielen, wenn Rom brennt, sondern täglich um den »Geist« zu ringen. Dafür brauchen wir die rechten Werte, die geistigen Gesetze, die uns Kraft geben und den Rücken stärken. In jedem Augenblick können wir uns entscheiden zwischen einem unstimmigen Geist, einem Handeln, das »den Geist gefährdet«, z. B. durch Unredlichkeit, oder einem Geist, der uns in eine gute Zukunft trägt.

Unser Lehrer hierbei ist der Schmerz. Leider wird unser seelischer Schmerz nur selten wahrgenommen und oftmals durch Drogen, Stimulanzien, Fernseh-, Internet- oder Arbeits- oder eine andere Sucht zugedeckt. Doch wenn wir wieder beginnen, »zu fühlen, was wir fühlen«, wird unser Geist lauter, und etwas in uns empfindet automatisch immer mehr, was für uns stimmt und was nicht. Wir werden immer »gerichteter«: Wir richten uns auf unsere Mitte aus, was letztendlich in einer Liebe zum Leben mündet, die das Leben als den größten aller Lehrer liebt und ehrt.

Positivität ist also nicht die Verneinung des Negativen, die Leugnung von allem, was uns bedrückt, sondern das bewusste Nutzen von all dem, was uns wehtut, um damit *voranzukommen*. Es ist der »Mist«, der zwar zum Himmel stinkt, aber schließlich als »Dünger« für Blumen verwendet werden kann. Wir müssen mit dem anfangen, was wir vorfinden, und dies entwickeln. Die Natur macht es uns vor (siehe das Bild vom Mist und vom Dünger): Sie verurteilt uns nicht dafür, wer wir sind und wo wir heute stehen – und Gott tut es auch nicht. Denn »das, was ist«, ist unsere Ausgangsbasis. Durch Lebensannahme entdecken wir die Positivität des Lebens. Das Positive richtet uns auf die Mitte aus.

Es gibt in Indien eine Technik, die »Shabda-Yoga« genannt wird. Es handelt sich hierbei um den Weg zum Erwachen durch das bewusste Hören des »inneren Klangs«. Der Schüler wird dabei aufgefordert, sich Ohropax in die Ohren zu stecken und sich auf den inneren Ton, der zu seiner Rechten zu hören ist, zu konzentrieren. Wenn der Schüler so dem Klang lauscht, den er mit dem rechten Ohr zu hören glaubt, erlebt er im Laufe der Trainingswochen, dass der Ton von rechts in die Mitte wandert und ihn von allen negativen Gedanken und Gefühlen reinwäscht, dass er immer zentrierter wird. Der Grund, warum der Schüler des Shabda-Yoga anfangs auf den Klang von rechts achten soll, liegt darin, dass unser Hören durch Stress erzeugende Klänge dermaßen verbogen ist, dass wir aus der Mitte geraten sind. Eigentlich hören wir mit unseren »inneren Ohren« aus der Mitte, aus unserem »dritten Ohr« heraus, wie es auch Joachim-Ernst Behrendt beschreibt.*

Mit dem positiven Denken verhält es sich ähnlich. Eigentlich ist positives Denken unser natürlicher Zustand. Wenn wir aus unserer Mitte, aus unserer Zentriertheit im Selbst heraus denken, ist unser Denken immer positiv. Dies ist automatisch so. Denn das Selbst ist eins mit »allem, was ist«. Da wir allerdings den Kontakt mit unserem wahren, vollkommenen Selbst verloren und uns mit unseren Begrenzungen identifiziert haben, erscheint das positive Denken als Gegenteil des negativen Denkens. Wir müssen uns also bewusst dem »positiven Denken« zuwenden, um zu erkennen, dass es kein Verdrängen ist, sondern reiner Zen – »das, was ist«, hat ein Recht darauf, zu sein, sonst wäre es nicht. Indem ich »das, was ist«, akzeptiere, gewinne ich die Macht zurück, die Dinge zu verändern. Weil ich selbst dadurch ins *Sein* gehe, in Einklang mit »allem, was ist« komme, göttliche Hilfe erfahre bzw. überhaupt in der Lage bin, sie zu erfahren.

Positives Denken im wahrsten Sinne des Wortes, das zu akzeptieren, »was ist«, öffnet die Torwege zu Optimismus, Wahrnehmung von Selbstwirksamkeit, Sinnfindung und vor allem zu physischen und psychischen Ressourcen, die im Rahmen von problemorientierter

* Vgl. Joachim-Ernst Behrendt: *Das dritte Ohr*, Reinbek 1988.

Therapie oftmals übersehen oder nicht freigelegt werden. Es bedeutet auch, »stimmig«, d.h. in Einklang mit dem Schöpfungsplan und den geistigen Gesetzen, zu denken und mehr und mehr die eigenen Gedanken und Handlungen zu verantworten.

Vor dem Hintergrund des bisher Gesagten wird verständlich, dass in der modernen Psychologie mit dem positiven Denken vor allem vier Begriffe verwendet werden, die wir nachfolgend untersuchen wollen:

- Optimismus,
- Lebensführung,
- Lebensbewältigung und
- Selbstwirksamkeit.

Optimismus

Optimistisch zu sein, bedeutet, das »Optimum«* aus einer Situation herauszuholen. Optimismus heißt also nicht, blind zu glauben: »Das wird schon gut gehen«, und es ist auch kein Handeln nach der Devise »Augen zu und durch!«. Optimismus bedeutet, *das Ganze* zu sehen, und ist nicht allein das Gegenteil vom Pessimismus, wie so oft behauptet wird.

Nehmen wir das berühmte Beispiel von dem Glas Wasser, das zur Hälfte gefüllt ist: »Der Pessimist sieht das Glas als halb leer, der Optimist sieht das Glas als halb voll an«, lautet die landläufige Meinung und damit

* Lat. *optimus, -a, -um* = »der, die, das Beste«.

das große Missverständnis über Optimismus. Dem Optimisten reicht es nicht aus, sich nur darüber zu freuen, dass da noch die Hälfte da ist. Der Optimist sieht stets das Ganze. Nur dieses kann ihn beruhigen. Sich also mit einem Mangel zufrieden zu geben, »ein halbes Glas Wasser«, das ist kein Optimismus. Der wahre Optimist ist glücklich, dass da *überhaupt* ein Glas und Wasser existieren, dass das Wasser nicht im Boden versickert. Das ist wahrer Optimismus.

Das Glas Wasser ist unser Körper, der für den Religiösen zugleich auch »der Gral des Herrn« ist. Mit unserem Körper erfahren wir Freude, und wir erfahren mit ihm Leid. Der Optimist ist jetzt nicht jemand, der behauptet, es gäbe kein Leid aufgrund unserer Körperlichkeit, sondern jemand, der akzeptiert, dass er überhaupt das Privileg hat, Leben in einem lernenden Körper zu erfahren. Der Optimist nimmt also die Freude wie das Leid »positiv«, d.h. als »das, was es ist«. Leiden bietet ihm eine Chance, zu lernen, zu wachsen und zu reifen. Freude bietet ihm die Chance, das Leben zu feiern.

Optimistisch zu sein, ist ein Privileg des Menschen. Tiere können nicht optimistisch in unserem Sinne sein. Sie sind in ihrem Umgang mit der Natur und mit sich selbst dem Kreatürlichen unterworfen. Sie suchen die Freude und meiden den Schmerz. Zwar lernen auch sie durch den Schmerz, z.B. gefährliche Situationen zu vermeiden, aber sie sind nach allem, was wir wissen, nicht in der Lage, Schmerz wie Freude gleichermaßen zu verwandeln.

Der Mensch jedoch sehr wohl: Er kann sich distanzieren und assoziieren; und das Instrument, mit dessen Hilfe er dies vermag, ist sein Bewusstsein. Allein die Gabe zu haben, das, was wir erleben, bewusst mitzugestalten und zu erhöhen, erhebt uns über das Kreatürliche. Wir dürfen uns jedoch nicht dazu verleiten lassen, unsere Natürlichkeit zu verlassen und zu entarten. Wir bleiben immer noch kreatürlich: Mit dem einen »Bein« sind wir in der Natur verankert – wir essen, trinken, pflanzen uns fort, leben in dieser Welt –, mit dem anderen »Bein« stehen wir jenseits der Zeit, in unserem Bewusstsein.

Optimistisch zu sein, bedeutet auch hier, das Leben zu feiern, »wie es ist«, und in der völligen Annahme des Lebens unsere Kreatürlichkeit sowie zugleich eigenes Bewusstsein einzubringen. Dies meint die Bibel mit dem Wort »... und füllet die Erde und machet sie euch untertan«*: Seid ein weiser Verwalter des eigenen geistigen Erbes! Sie sagt damit nicht, dass wir uns selbst entmenschlichen, andere unterdrücken, die Umwelt zerstören, dekadent und süchtig werden sollen. Optimistisch zu sein, bedeutet hier, um das Grundlegende zu wissen, das in uns ist, und einfach dadurch dem Leben positiv gegenüberzustehen.

Nur wenn wir Optimismus als Liebe zum Leben, Liebe zur Körperlichkeit und Liebe zu den Umständen, wie wir sie vorfinden, akzeptieren, kann der Optimismus seiner eigentlichen Aufgabe gerecht werden: dass wir aufgrund einer lebensbejahenden Einstellung die Kraft haben, das Optimum aus der aktuellen Situation herauszuholen, indem wir uns aktiv mit den Pro-

* 1. Mose 1, 28.

blemen und Aufgaben des Lebens auseinander setzen, einen Sinn in momentanen Schwierigkeiten und Möglichkeiten voraussetzen, ihn erkennen und uns von ihm motivieren, tragen und beflügeln lassen.

Optimismus zeigt sich in dem Sinne auch als das befreiende »Ja«, das die kreativen Gehirnareale aktiviert und es dadurch ermöglicht, die positiven Aspekte einer Situation zu nutzen. Wir alle kennen ja den »Tunnelblick«, wenn wir uns beengt fühlen – nichts scheint mehr zu funktionieren. Optimismus öffnet wieder das Spektrum der Wahrnehmung, wir atmen einmal tief durch, lehnen uns zurück, unser Gehirn wird positiv durchflutet, und unsere kreativen Ressourcen werden mobilisiert. Man findet die eigene Existenz und die Welt grundsätzlich wunderschön – trotz allem – und glaubt, dass es sich lohnt, zu leben.

Auch dort, wo wir scheinbar nichts tun können, erweist sich richtig verstandener Optimismus als hilfreich. Es gibt viele Studien, welche aufzeigen, dass zwischen Optimismus und Gesundheit ein unmittelbarer Zusammenhang besteht. In mehreren repräsentativen Untersuchungen von Patienten, denen eine schwere Operation bevorstand, konnte nachgewiesen werden, dass eine optimistische Haltung die Regeneration nach der Operation und das Lebensgefühl in späteren Jahren positiv beeinflusste. Optimisten achten erfahrungsgemäß auch mehr auf ihre Gesundheit und vermeiden krank machende Verhaltensweisen wie z. B. Drogen- sowie übermäßigen Alkohol- und Nikotinkonsum.

Der renommierte amerikanische Psychologe Martin

E. P. Seligman* arbeitete in einer Studie mit depressiven Schülern und vermochte dabei nachzuweisen, dass die Kinder durch sein »Optimismustraining« sowohl kurz- wie auch mittel- und langfristig ihre Depressionen abbauen und Probleme konstruktiv angehen konnten.

Übung: Das günstigste Signal suchen

An dieser Stelle sei eine Formel für den Optimismus genannt – wann immer Sie in einer schwierigen Situation sind, versuchen Sie, die Ruhe zu bewahren, und fragen Sie sich:

»Was will mir das Leben, der andere bzw. der Umstand hiermit *günstigstenfalls* signalisieren?«

Das ist eine Ausgangsbasis dafür, jede Situation, egal, wie erfreulich oder unerfreulich, zu Ihrem Optimum nutzen zu können.

Optimistische Kinder haben bessere Zukunftschancen. So gibt es mittlerweile mehrere Initiativen, um Eltern aufzuzeigen, wie sie ihren Nachwuchs hin zu einem sinnerfüllten Optimismus erziehen können.**

* Vgl. Martin E. P. Seligman: *Pessimisten küsst man nicht. Optimismus kann man lernen*, München 2002.

** Etwa das Konzept STEEP (Steps Toward Effective Enjoyable Parenting [Schritte zu einer effektiven und erfreulichen Elternschaft]) von Martha Farrell Erickson und Byron Egeland; vgl. z. B. Byron Egeland: »Ergebnisse einer Langzeitstudie an Hoch-Risiko-Familien«, Karl H. Brisch u. a.: *Bindung und seelische Entwicklungswege*, Stuttgart 2002, S. 305–324.

Lebensführung

Die eigene Lebensführung hat die positive Erwartung zur Voraussetzung, dass man seinen Weg in einem bestimmten Rahmen kontrollieren und positiv beeinflussen kann. Auch hier muss mit einem Aberglauben aufgeräumt werden: Es gibt Menschen, die meinen, es gäbe überhaupt gar keine Möglichkeit, das Leben zu kontrollieren. Sie glauben an die Determiniertheit – die Bestimmt- bzw. Abhängigkeit eines unfreien Willens von inneren oder äußeren Ursachen –, die absolut ist und die sich im Fatalismus zeigt, der völligen Ergebenheit in die als unabänderlich hingenommene Macht des Schicksals: »Da kann man halt nichts machen!«, dies ist ein Satz, den man von solch »schicksalsergebenen« Zeitgenossen häufig hören kann.

Doch suggeriert einem schon der gesunde Menschenverstand, dass es ein inkonsequenter Gott wäre, der uns nach seinem Bilde geschaffen, aber keine Chancen gegeben hätte, unser Leben in irgendeiner Weise zu beeinflussen.

Dabei sehen wir tagtäglich schon in der materiellen Welt anhand profaner Beispiele, dass wir selbst oder mithilfe von Instrumenten Kontrolle ausüben: Polizei, Staudämme, Wirtschafts- und Finanzsysteme, sie alle üben Kontrolle aus.

Kontrolle »an sich« ist wertneutral, sie ist weder gut noch schlecht. Es stellt sich aber die Frage, wem die Kontrolle dient.

Ist sie ein Sklave der Selbstsucht oder starrer Normen, werden wir süchtig oder verklemmt. Ein Motto wie »Vertrauen ist gut, Kontrolle ist besser« – unhinterfragt und prinzipiell umgesetzt – kreiert konsequenterweise »eiserne Vorhänge«, und zwar nicht nur in der Politik, sondern auch in unserem Inneren. Viele Menschen kontrollieren sich selbst, weil sie ihrem Unbewussten nicht vertrauen. Sie kontrollieren ihren Partner, weil sie dem ebenso wenig vertrauen wie sich selbst. Und so werden sie zwanghaft: zwanghaft eifersüchtig oder zwanghaft geizig. Sie gönnen weder sich noch dem Leben etwas.

Die Kehrseite dieser Medaille ist die, dass es jene gibt, die alle Kontrolle loslassen, die sich nur ihrem Trieb ergeben, die nicht glauben, dass Kontrolle funktionieren würde. Auch sie sind nicht wirklich glücklich.

Doch was heißt es jetzt, in aktiver Lebensführung zu leben? Es bedeutet, in dem Bewusstsein zu sein, dass ich die Möglichkeit habe, in dem einen oder anderen Lebensbereich die Kontrolle zu setzen oder auch vertrauensvoll loszulassen – also dennoch auch da mein Leben zu führen. Auf diese Weise können wir das Unkontrollierbare in uns lenken und ihm einen sinnvollen Rahmen geben:

- Ich kenne Menschen, die leben ihre Emotionen blind aus: Sie brüllen, weinen, schlagen um sich, als wären sie noch Kleinkinder. Andere wiederum verstecken ihre Emotionen hinter ihrem Intellekt oder verbannen sie in den Bereich des Unbewussten, wo sie ein Eigenleben führen. Sie glauben, sich in jedem Augenblick kontrollieren zu müssen. Sie verdrängen so einen Großteil ihrer Lebenskraft und werden deshalb oft krank.

Und dann gibt es solche – wenige – Menschen, die eine Emotion bewusst wahrnehmen und erkennen, was diese ihnen gerade sagen will. Sie erkennen auch sehr klar, ob die Emotion augenblicklich ausgedrückt oder in der »inneren Alchemie« verwandelt werden möchte. Und sie finden einen guten Platz, um ihre Emotionen zu leben, ohne dabei gemeingefährlich zu werden. Wenn der Zorn »hochkocht«, schreien sie nicht ihre Kollegen an, sondern sie machen einen »Zornspaziergang«, schalten währenddessen den Walkman an, hören den »Egmont« von Beethoven und finden dabei – nachdem der Zorn verraucht ist – einen treffenden, aber nicht überzogenen Weg, ihren Standpunkt gegenüber den Kollegen zu vertreten und eine konstruktive Lösung zu finden.

- Ich kenne Menschen, die der Meinung sind, man könne die Sexualität nicht kontrollieren. Sie leben sie blind aus – allerdings mit letztlich mäßiger Erfüllung. Oftmals scheitern feste Beziehungen an der mangelnden Fähigkeit, sich der Sexualität auch einmal zu enthalten, beispielsweise dann, wenn sie in fremden Betten geschieht. Andere kontrollieren die Sexualität, indem sie sich diese abgewöhnen: Nonnen, Mönche oder auch »ganz normale«, von der Sexualität enttäuschte Menschen.

  Und dann gibt es solche, die weise mit ihrer freiwilligen Selbstkontrolle umgehen: Sie entscheiden bewusst, welche sexuellen Einflüsse sie zulassen, möglicherweise fokussieren sie ihre Sexualität auf ihren festen Partner, orientieren sich z.B. am Tantra und erzielen so einen verjüngenden, erfüllenden und erhebenden Sexualgenuss. Zugleich schaffen sie dergestalt ein Flussbett für die gewaltige Kraft des Unkontrollierbaren in sich, innerhalb dessen es sich tosend bewegen darf…

Lebensführung zu üben, kann also keineswegs bedeuten, alle Regungen, die wir gerade »nicht haben wollen«, zu verdrängen, sondern wir sollten einen Weg finden, sie wahrzunehmen, mit ihnen umzugehen und ihre Botschaften auf konstruktive Wege zu bringen.

Vielleicht kennen Sie die Karte »VIII. Kraft« (Große Arkana) des Rider-Tarot. Sie zeigt eine Frau, die einen Löwen zähmt. Genau das symbolisiert *freiwillige Selbstkontrolle*: den Löwen (als Sinnbild unserer Triebe) weder in den Käfig stecken noch ihm freien Lauf lassen, sondern ihn »veredeln«, sodass er im Dienste des Ganzen wirkt.

Ein anderes Beispiel für angemessene Selbstkontrolle wäre der Reiter, der sein Pferd zähmt: Weder geht der Gaul mit dem Reiter durch, noch wird er unterdrückt oder gequält. Die Triebkraft des Pferdes wird genutzt und in die gewünschte, stimmige Richtung gelenkt.

Symbol der angemessenen Selbstkontrolle kann auch der Zentaur aus der griechischen Mythologie sein: der Mensch mit einem Pferdekörper. Der Geist führt den Körper, beachtet dabei aber die Gesetzmäßigkeiten der Körperlichkeit in angemessener Weise.

Der Optimist ist jemand, der weiß, dass es sich lohnt,

angemessene Selbstkontrolle im Inneren zu üben. Weil er an die Veredelung und das innere Wachstum des Menschen glaubt.

Es gibt Menschen, die glauben, das, was in ihrem Umfeld geschieht, nicht kontrollieren zu können. »Es hat ja doch keinen Zweck«, sagen sie. »Ich kann tun, was ich will, das bringt ja alles nichts!« Doch diese Leute sehen nicht, dass sie allein durch ihren Glauben zum Hindernis für die Erfüllung werden.

Andere wiederum denken, nichts sei unmöglich: Sie sind der Überzeugung, alles kontrollieren zu können. Daraus kann der so genannte Machbarkeitswahn entstehen, und eine Zeit lang mag dies alles vordergründig ja auch »gut« gehen und vielleicht für eine Minderheit auch satte Gewinne abwerfen. Aber irgendwann kommt in der Regel die Ernüchterung. Das lange vorhergesagte Zerplatzen der Börsenwahn-Seifenblase zu Anfang unseres Jahrtausends ist nur *ein* Beispiel für diese Gesetzmäßigkeit.

Von der Suchtforschung wissen wir, dass Machbarkeitswahn, Perfektionismus und Suchtverhalten unmittelbar miteinander zusammenhängen.* Das positive Denken wurde von Süchtigen, aber nicht nur von ihnen, oftmals falsch verstanden, und die Verwirklichung blieb dabei auf der Strecke. Grundsätzlich ist zwar »alles möglich«, aber nur dann, wenn die Erfüllung *zu mir gehört*. Wenn ich mir also aufgrund einer Neurose irgend-

* Vgl. z. B. Anne Wilson Schaef: *Im Zeitalter der Sucht. Wege aus der Abhängigkeit*, München 1991.

etwas ausdenke, was mir weder gut tut noch entspricht, werden mich meine scheinbar positiven Gedanken, die in Wahrheit nur »blindes Hoffen« darstellen, enttäuschen.

Im Rahmen der Verwirklichung von positiven Gedanken im realen Leben gibt es externe und interne Faktoren, die zu berücksichtigen sind. Erst einmal muss ich mit meinen Kräften im eigenen Inneren in Frieden kommen. Solange ich gegen mich selbst ankämpfe, kann ich keine stabile Lebensführung im Außen ausüben. Ich muss erst einmal meine inneren Triebe und Antriebe positiv führen, um als Einheit geschlossen in Erscheinung treten zu können, ich muss mit mir eins sein. Ich muss mich selbst verstanden haben und wissen, was ich wirklich will, genauer gesagt, was mein Selbst wirklich will. Hierbei ist es nicht so wichtig, dass ich genaue Worte und Bilder vorweisen kann, viel entscheidender ist es, dass ich ein gutes Gespür für mich selbst habe, für das, was zu mir passt und was nicht. Und dass ich mich und mein gegenwärtiges Leben annehme.

Hierzu gehört es auch, mein geistiges Erbe anzunehmen, das sich u. a. in meiner genetischen Programmierung zeigt, meiner seelischen Herkunft und meiner intellektuellen und emotionalen Konditionierung. All dies bin ich nicht, aber es stellt den Ausgangspunkt dar, den ich kennen und von dem aus ich mich bewegen soll. Wenn ich in meinem geistigen Gepäck Bergstiefel, Seil und Spitzhacke habe, wird es nicht meine Lebensaufgabe sein, am Meer baden zu gehen.

Ich muss also mein Gepäck, meine Ressourcen und Kompetenzen kennen. Wie der amerikanische Psychologe Albert Bandura mit seiner Arbeit über Selbsteffizienz nachwies,* wird die eigene Vitalität und Immunabwehr durch die Lebensführung in Verbindung mit Kompetenzerwartung gestärkt. Und der Psychiater H. Haltenhof wies nach, dass Kontrollüberzeugung, also die Überzeugung, in einem gewissen Maße Einfluss zu haben, sich als heilsam, zumindest als hilfreich bei Krankheiten wie Morbus Parkinson erwies.**

Wenn ich angenommen habe, was ich bin, kann ich dieses durch positive Lebenskontrolle in eine gewünschte Richtung führen und gelange dadurch in eine Resonanz mit der Welt, die mich umgibt. Hier begegne ich äußeren Faktoren, z. B. dem Land, in dem ich lebe, der Wirtschaftssituation etc. Auch diese existieren nicht als allein ausschlaggebende Größen, aber ich muss sie annehmen, um über sie hinausgehen zu können.

Als dritten Faktor finde ich die Schicksalskräfte vor. Ich kann sie »Karma« nennen, »Webmuster meines Lebens«, »Bestimmung« – wie auch immer. Seit jeher haben sich die Menschen gefragt, inwieweit sie den Schicksalskräften unterworfen sind. Die Antworten der Philosophen reichten vom »Alles ist möglich« bis hin zum völligen Determinismus. »Der Mensch ist frei, überall liegt er in Ketten«, so könnte man ein paradoxes Resümee ziehen.

* Vgl. z. B. Albert Bandura: »Self-Efficacy«, *Psychological Review* 84/1986, S. 191–215.

** H. Haltenhof u. a.: »Krankheitsverarbeitung bei Morbus Parkinson«, *Nervenarzt* 200/1971, S. 275–281.

»Herr, gib mir die Kraft, das zu ändern,
was ich ändern kann,
die Gelassenheit, das anzunehmen,
was ich nicht ändern kann,
und die Weisheit,
das eine vom andern zu unterscheiden.«
Ignatius von Loyola u.a. zugeschrieben

In der Tat können wir unser Schicksal zum Teil frei gestalten. Um es kurz zu beschreiben: Esoterische Traditionen des Ostens und des Westens gehen von einer »Zweidrittelregelung« aus, sie behaupten, zwei Drittel von dem, was uns im Leben geschieht, ist »Schicksal«, unausweichlich, auf ein Drittel aber hätten wir Einfluss. Der so genannte Erfolgstrainer Anthony Robbins* behauptet, wir hätten viel weniger direkten Einfluss, nur 1 bis 2 % wären vielleicht möglich – aber wenn wir diese 1 bis 2 % täglich zu unserem Besten nutzten, wären wir nach einem Jahr auf einem ganz anderen, wesentlich besseren Weg, die positive Abweichung läge dann vielleicht auch bei 30 % oder mehr – und sie würde täglich stärker werden.

Lebensführung ist also ein beidseitiger Prozess: Das Leben führt uns, und wir führen das Leben. Es liegt an uns, ob wir das Leben mit allen Licht- und Schattenseiten als unseren Führer und Lehrer annehmen oder das Leben missbrauchen, indem wir darin lediglich Süchte,

* Vgl. z.B. Anthony Robbins: *Das Robbins PowerPrinzip*, Berlin 2004.

Neurosen oder Manien ausagieren. Positive und aktive Lebensführung bedeutet, auf das Leben einzuwirken und es auf uns einwirken zu lassen, es bedeutet, mit dem Leben in einem ständigen Austausch zu sein, in einer Kommunikation, das Leben »wie ein lebendiges Wesen zu behandeln«. In dem Sinne ist aktive Lebensführung eine permanente, lebenslange Selbsterziehung unter Begleitung des »Lehrers Leben«. Dies bedeutet, das Leben zu führen und sich von ihm führen zu lassen. Es bedeutet auch, mit den Schicksalskräften »befreundet« zu sein.

Hiob war ein beredtes Beispiel dafür: Obwohl er so vieles verlor, bewahrte er dennoch dem göttlichen Selbst die Treue, er führte sein Leben weiterhin redlich, und eines Tages bekam er ein Vielfaches von dem zurück, was ihm genommen ward.

Positive Lebensführung bedeutet auch, zu beten, als ob kein Arbeiten helfe, und zu arbeiten, als ob kein Beten helfe … Aktive Lebensführung impliziert den feinen Balanceakt zwischen Selbstkontrolle und Unkontrollierbarem.

Positive Lebensführung bedeutet aber noch mehr. Es bedeutet auch, das Handeln nach ethischen Gesichtspunkten auszurichten. In allen religiösen Traditionen wird dazu geraten, nicht an dem persönlichen materiellen oder sonstigen Gewinn der eigenen guten Taten zu hängen. Wer also positive Lebensführung aus einer Berechnung heraus betreibt, betrügt sich um ihre guten Wirkungen. Die für uns notwendigen Folgen positiver Lebensführung sind nämlich nicht in erster Linie die kurzfristig zu erwartenden Früchte, die uns daraus erwachsen, sondern das nachhaltige Gesunden und Heilen des eigenen Lebensbaumes. Um die Früchte sollten wir uns erst einmal nicht kümmern, die wachsen, nachdem der Baum die Blätter ausgetrieben und seine Blüte gezeigt hat, von selbst. Dann, wenn wir gänzlich in Einklang mit unserem Schicksal gekommen sind, werden wir uns auch vollends als Schöpfer erfahren, aber dorthin zu kommen, ist ein Weg, den wir Schritt für Schritt gehen, dem Leben abringen müssen.

»Wer ewig strebend sich bemüht,
den können wir erlösen.«
Goethe, Faust

Lebensbewältigung

Positivität steht auch in wechselweisem Zusammenhang mit der Bewältigung von den Dingen, die uns belasten. Die so genannte positive Psychologie konnte inzwischen nachweisen, dass positive Bewältigungsformen, wie z. B. spirituelle Verbundenheit oder sogar auch »Humor«, wichtige Bestandteile positiver Lebensbewältigung darstellen. Untersuchungen in den USA an Betroffenen des 11. September haben ergeben, dass ein gewisser Prozentsatz der überlebenden Opfer die Katastrophe ohne gravierenden seelischen Schaden überstanden hat. Was all jene gemeinsam hatten: Sie fühlten sich »spirituell verbunden«, also in irgendeiner Form – ob religiös, spirituell oder esoterisch – mit einer höheren Macht verbunden.

Neben der spirituellen Verbundenheit ist der Humor freilich nicht dort, wo sich Tragödien wie am 11. September ereignen, ein weiterer Pfeiler der positiven Lebensbewältigung, aber da, wo man über sich selbst und die eigenen Unvollkommenheiten lachen kann.

Eine andere positive Bewältigungsform ist die Hoffnung. Hierbei ist nicht die »blinde« Hoffnung gemeint, etwa im Sinne von »Hoffentlich wird es gut gehen«, sondern eine »wissende Hoffnung«, die das glückliche Ende als Möglichkeit ahnt und zielgewiss ansteuert. Inzwischen weiß man, dass Hoffnung nicht nur das Immunsystem stärkt, sondern auch dazu beiträgt, sich mehr um die eigene Gesundheitsvorsorge zu kümmern.*

Insbesondere bei der Behandlung von Depressionen hilft »wissende Hoffnung«. Ebendiese zeigt sich hier sozusagen als Antidot zu dem Suizid, der aus tiefster Hoffnungslosigkeit heraus gewählt wird. In Einklang mit der Wiedererweckung von »wissender Hoffnung« steht das Aufzeigen realistischer Zukunftsperspektiven. Gemäß den neuesten Erkenntnissen der positiven Psychologie ist es durchaus legitim und auch hilfreich, bei chronisch Depressiven die Perspektiven der Hoffnung sogar ein wenig zu überzeichnen, bis die Kraft gefunden wird, die Lage angemessen zu konfrontieren.

* Vgl. z.B. B.D. Barnum: »Hope and Social Support in the Psychological Adjustment of Pediatric Burn Survivors«, *Children's Health Care* 27/1989, S. 15–30.

Selbstwirksamkeit

Unter »Selbstwirksamkeit« verstehen wir den Glauben an die Beeinflussbarkeit der Umstände, also an jenes Können, das, wie es der Titel dieses Buches anregt, sich aufmacht mit der Botschaft: »Verwirkliche es!«

Selbstwirksamkeit ist eine entscheidende Grundlage für die Befreiung von jeglicher Sucht. G. M. Devins wies z. B. in einem in der US-Zeitschrift *Behaviour Research and Therapy** erschienenen Artikel nach, dass Selbstwirksamkeit einen entscheidenden Einfluss bei der Abgewöhnung des Zigarettenkonsums hat.

Eine repräsentative Fünfjahresstudie mit 500 ostdeutschen Arbeitnehmern zeigt, dass eine hohe Selbstwirksamkeitserwartung und Bereitschaft zur beruflichen Weiterbildung sich vorteilhaft auf die eigene Arbeitsplatzsicherheit bzw. -findung auswirken. Optimistische Arbeitnehmer zeigten sich hierbei als stimmiger in ihren Handlungen, Planungen und Realisierungen als pessimistische.**

Selbstwirksame Menschen sehen im Falle eines Misserfolges die Ursachen für den Fehler als Anlass, das eigene Verhalten positiv zu überdenken. »Selbstunwirksame« bzw. »selbstverantwortungslose« Menschen dahingegen sehen im Schicksal eine »unabänderliche Strafe Gottes« oder wessen auch immer und sind nicht

* Vgl. G. M. Devins und P. J. Edwards: »Self-Efficacy and smoking reduction in chronic obstructive pulmonary disease«, *Behaviour Research and Therapy* 26/1988, S. 127–135.

** Vgl. J. Zempel und M. Frese: »Arbeitslose. Selbstverantwortung überwindet Lethargie«, *Psychologie heute*, 24(6)/1997, S. 36–41.

bereit, aus ihrem Schicksal zu lernen und es positiv mitzugestalten.

Der Psychologe J.E. Maddux sagt, dass Selbstwirksamkeit und Selbstverantwortung die Voraussetzungen für das Erreichen hoher Ziele sind.* – Die Psychologie unterscheidet hier zwei Faktoren:

1. *Kompetenzerwartung:* Dies bedeutet, dass man sich für kompetent hält, mit der jeweiligen Lebenssituation stimmig umzugehen. Es bedeutet ebenso, Erfolge auch mit eigenen Stärken in Zusammenhang zu bringen. Der selbstwirksame Mensch mag vielleicht an eine höhere Macht glauben, aber er sieht das Wirken dieser höheren Macht auch durch sich und glaubt an seine Kompetenz, mit den Ereignissen des Lebens, sogar mit dem Schicksal stimmig umzugehen. Und wer an den Einfluss der eigenen Kompetenz glaubt, ist bestrebt, diese zu verbessern, indem er an sich arbeitet, Trainings besucht usw.
2. *Konsequenzerwartung:* Hier geht es um den Glauben, dass die richtigen Handlungen auch zu einer Veränderung der Lebensumstände führen.

»Lieber beugt der Mensch, der Tor,
sich seinem Schicksal als ihm vor.«
Sprichwörtlich

* J.E. Maddux: »Self-efficacy, the power of believing you can«, *Handbook of positive psychology*, New York 2002, S. 277–287.

Wenn wir also irgendwo festhängen und an unserer Selbstwirksamkeit zweifeln, müssen wir vor allem auch untersuchen, ob wir uns für inkompetent oder für inkonsequent halten, und an diesem Bereich arbeiten.

Risiken des falsch verstandenen positiven Denkens

Was das positive Denken anbetrifft, gibt es, wie bereits angedeutet wurde, so viele Missverständnisse, dass es eher die wenigsten richtig anwenden. Immer wieder kommt es z. B. vor, dass Menschen positives Denken mit Erwartungsdenken verwechseln und diese Erwartung schon als manifestierte Realität sehen. Wenn sie etwa denken – natürlich ist das Beispiel überzeichnet –: »Ich bin ein Millionär, ich bin ein Millionär, ich bin ein Millionär …«, und in einer falschen Euphorie ihr Geld bündelweise ausgeben, brauchen sie sich nicht zu wundern, wenn sie nach kurzer Zeit pleite sind.

Wir müssen deshalb, bevor wir das positive Denken nutzen und uns mit ihm in das positive Leben einbringen, uns der Gefahren und Chancen dieses Instruments bewusst sein – um es dann optimal nutzen zu können. Um Bauchlandungen und Missverständnissen vorzubeugen, müssen wir auch Kontrollinstrumente einsetzen, z. B.:

- die realistische Risikobetrachtung,
- der »defensive Pessimismus« vs. enttäuschte Erwartungen,
- der aktivierende Optimismus vs. Untätigkeitsoptimismus,

- die Leistungsbereitschaft vs. Selbstüberschätzung,
- die Schärfung der Wahrnehmung vs. Leichtgläubigkeit und
- die Fügungsbereitschaft vs. starre Kontrollüberzeugung.

Realistische Risikobetrachtung

Viele Menschen glauben irrtümlicherweise, positiv zu denken, hieße, die Risiken des Lebens nicht zu sehen und »Hans, guck in die Luft« zu spielen. Doch manche glauben dies nicht nur, sie leben auch so und halten sich für »Positivdenker«, ohne zu wissen, was sie sich und ihren Nächsten (die notfalls für sie einstehen müssen) damit antun. (Nicht umsonst heißt es: »Wer heute den Kopf in den Sand steckt, knirscht morgen mit den Zähnen!«)

Negatives Denken kann dazu führen, dass z. B. angstbesetzte, aber wichtige Situationen gemieden werden, etwa Vorstellungsgespräche, Kundenbesuche etc. Hier wäre positives Denken hilfreich. Auf der anderen Seite kann falsch verstandenes positives Denken auch dazu führen, dass notwendige Vorsorgemaßnahmen unterlassen werden. Beispielsweise, wenn es ein Selbständiger unterlässt, seine Altersvorsorge zu sichern, weil er der Meinung ist, er werde schon bis an sein Lebensende arbeiten können.

Eine realistische Risikoeinschätzung fehlt auch überall dort, wo der Betreffende das Risiko eingeht, Haus und Hof zu verspielen, indem er unverhältnismäßig hohe Einsätze tätigt, sei es beim Lotto, bei Schenkkreisen, bei Pferderennen oder beim Roulette. Forschungen haben ergeben, dass bei Glücksspielen in der Regel nur Verlierertypen mitmachen. Und Ergebnisse aus der Hirnforschung zeigen, dass bei Depressiven sowohl ein außergewöhnlicher Verlust wie auch ein außergewöhnlicher Gewinn gleichermaßen als »anregend« empfunden werden. Der Glücksspieler ist in der Regel ein Mensch, der den Alltag nicht erträgt und deshalb nach dem »Kick« sucht, egal, ob positiv oder negativ. Fast immer liegt dem Glücksspiel eine Sucht, ein Mangel, ein Unbefriedigtsein zugrunde, und dies ist die denkbar schlechteste Ausgangsbasis, um in einem Glücksspiel zu gewinnen.

Falsch verstandenes positives Denken kann sich bei jeglicher Risikoentscheidung als fatal erweisen. Der amerikanische Psychologe Bryan Gibson untersuchte z.B. den Zusammenhang zwischen Optimismus und Glücksspiel und veröffentlichte die Ergebnisse seiner Forschung.* Er kam zu folgendem Ergebnis: Optimisten hatten die hoffnungsvolleren Erwartungen an den Spielausgang als Pessimisten und hielten ihre Erwartungen auch nach höheren Verlusten aufrecht. Sie spielten unbeirrt weiter, verspielten dabei allerdings Haus und Hof. Menschen mit »defensivem Pessimismus« (s.a. den folgenden Abschnitt) begannen dahingegen, nach anfänglichen Verlusten die Einsätze deutlich zu reduzieren, einige begannen, in kleinerem Rahmen Spielsysteme auszuprobieren, und konnten so einen Teil ihrer Verluste wieder wettmachen.

* Vgl. Bryan Gibson: »Optimism, Pessimism and Gambling«, *Personality and Social Psychology Bulletin* 30/2004, S. 149–160.

»Defensiver Pessimismus« vs. enttäuschte Erwartungen

Nicht nur der Optimismus hat seine Berechtigung, sondern auch der »defensive Pessimismus«. Der Begriff wurde von S.M. Spencer* geprägt. Die Idee des defensiven Pessimismus ist die, eine realistische Zukunftsperspektive zu entwickeln, in der das Bestmögliche zwar erhofft, das Schlimmstmögliche aber bewusst einkalkuliert wird, also genau das, was der Buchhalter in seiner »Worst-Case-Kalkulation« macht. Beim defensiven Pessimismus ist es wichtig, dass man sich stets auf die Zukunftserwartungen konzentrieren, nie aber *starr* an der Vergangenheit oder Gegenwart anklammern sollte. Schließlich gebietet die Positivität ja, das, was ist, und das, was war, zu »umarmen«. Defensiver Pessimismus ist auch kein bohrendes, selbstzerstörerisches und verzweifelndes Negativdenken, sondern das notwendige Regulativ zu Blauäugigkeit und eingebildeter Grandiosität. Er hilft, auf dem Boden der Tatsachen zu bleiben.

Hierfür ein scheinbar banales, aber realistisches Beispiel aus der Praxis: Eine Ladeninhaberin hat seit zwei Monaten die Miete nicht bezahlen können, da ihr Geschäft ihr nahezu keinen Gewinn brachte. Sie glaubt, da sie positiv denke, würde sich ihr Problem irgendwie von selbst lösen. Dies aber ist ein falsch verstandenes

* Vgl. z.B. S.M. Spencer und J.K. Norem: »Strategy-dependent effects of imagery and relaxation manipulations: Defensive pessimism, pessimism and performance«, *Personality and Social Psychology Bulletin* 22/1996, S. 354–365.

»Erwartungsdenken«, das mit ziemlicher Wahrscheinlichkeit in einer noch böseren Überraschung enden wird. Defensiver Pessimismus bedeutet, dieser Frau zu vermitteln: »Wenn du so weitermachst, sitzt du in zwei Monaten auf der Straße!«

Das Positive an diesem Eingeständnis, wenn man so will, wäre nun, dass diese Frau – selbst noch in diesem relativ späten Stadium – Gegenmaßnahmen einleitet, beispielsweise den Laden zu verkaufen und sich erst einmal um einen anderen Job zu bewerben.

Indem der defensive Pessimismus mehr oder weniger frühzeitig auf Gefahren hinweist, können im Idealfall bereits im Vorfeld Gegenmaßnahmen eingeleitet werden. So kann man Enttäuschungen und Zusammenbrüche vermeiden.

Wichtig beim defensiven Pessimismus ist es, eher spielerisch damit umzugehen und nicht »in der Angst stehen zu bleiben«. Er soll immer zu einer Frage führen, die etwa wie folgt lautet: »O. k., will ich die Wirkung, die gerade auf mich zurollt? Wenn nein, was müsste ich tun, um die Wirkung abzuwenden?«

Ich sollte bei einer negativen Vorstellung allerdings nicht länger verweilen als nötig. Viel sinnvoller ist es, die negative Vorstellung dann umzulenken, indem ich meine Aufmerksamkeit auf ein realistisches positives Ziel lenke.

Aktivierender Optimismus vs. Untätigkeitsoptimismus

Positives Denken kann zur Passivität verführen: »Der Herr wird's schon richten!« – »Der Herr« hat jedoch keine anderen Hände als unsere eigenen. Wenn wir zwei hilfreiche Hände brauchen, sollten wir deshalb als Erstes auch einmal am Ende unserer Arme nachschauen…

Wie Ralf Schwarzer* nachwies, kann positives Denken dazu verführen, Risiken zu unterschätzen und Vorsorgemaßnahmen zu unterlassen, es verführt zu Kurzsichtig- und Blauäugigkeit. Wenn wir positiv denken, sollten wir also darauf achten, dass es uns zu konstruktiven Handlungen motiviert. Die moderne Psychologie unterscheidet in dem Zusammenhang zwischen funktionalem und dysfunktionalem Optimismus, also einem, der für Sie arbeitet, und einem, der Sie eher zerstört. Den Unterschied erkennen Sie sehr klar: Wenn Sie ein Gedanke dazu motiviert, sich mit der Welt und ihren Umständen konstruktiv auseinander zu setzen und die Dinge anzupacken, ist er positiv. Wenn er zur Passivität verführt, ist er negativ.

Leistungsbereitschaft vs. Selbstüberschätzung

Falsch verstandenes positives Denken kann auch zur Selbstüberschätzung führen. Aufgrund der unrealistischen Betrachtung der eigenen Fähigkeiten und Mög-

* Ralf Schwarzer: *Gesundheitspsychologie,* Göttingen 1997.

lichkeiten werden Erfolge für selbstverständlich gehalten statt schrittweise aufgebaut. Man verpasst es, die notwendigen Voraussetzungen für den angestrebten Erfolg zu schaffen, die Dinge im Detail abzusichern. Aus eigener Überhöhung unterlässt man es, ein Netzwerk von Verbündeten aufzubauen, stabile und ethisch hochwertige Beziehungen zu schaffen. Oftmals schlägt man sogar notwendige Hilfsangebote aus, weil man meint, alles allein schaffen zu können.

Dysfunktionaler Optimismus in Verbindung mit Selbstüberschätzung kann dazu führen, dass man sich zu wenig vorbereitet, das Kleingedruckte in Verträgen überliest oder schlicht und einfach seine Schulaufgaben nicht macht. Der Psychologe Andreas Helmke weist in seinem Werk *Selbstvertrauen und schulische Leistungen** z. B. nach, dass sich Schulkinder, die sich selbst überschätzen, nicht ausreichend auf ihre Klassenarbeiten vorbereiten und deshalb schlechte Noten erhalten. Die anstehenden Aufgaben, Notwendigkeiten und gegnerischen Kräfte werden unterschätzt oder gar ignoriert.

Jemand, der so denkt, könnte etwa einmal darüber nachsinnen, warum in buddhistischen Traditionen der Kampfsport einen so hohen Stellenwert hat und viele große buddhistische Meister zugleich exzellente Kampfsportler waren: Bevor wir unserem wahren Selbst die Herrschaft überlassen können, müssen wir erst einmal unser niederes Selbst besiegen.

Erinnern wir uns in dem Zusammenhang auch daran,

* Andreas Helmke: *Selbstvertrauen und schulische Leistungen*, Göttingen 2002.

dass im positiven Denken eine Chance liegt, die notwendigen Mittel bereitzustellen, dies aber *den Weg selbst* nicht ersetzt. – Hochmut kommt vor dem Fall.

Schärfung der Wahrnehmung vs. Leichtgläubigkeit

P.M. Gollwitzer wies in einer Studie nach, dass leichtgläubiges positives Denken Fehlentscheidungen begünstigen kann. Insbesondere sollte der »Anwender« des positiven Denkens klar unterscheiden, ob er sich mit seinen Gedanken gerade in eine Wunschphantasie begibt oder eine realistische, motivierende Erwartungsspannung erzeugt, die aber stets den Prüfungen des Alltags standhalten muss.*

Viel zu leicht verwechselt der »Anwender« Wunschdenken mit Intuition oder höherer Eingebung, statt sich darin zu üben, die eigene Wahrnehmung zu trainieren und mit anderen Menschen und Faktoren abzustimmen. Intuition muss trainiert und immer wieder rückgekoppelt werden, bis sie zuverlässig ist. Hier empfiehlt sich insbesondere ein »Intuitionstraining«, beispielsweise basierend auf meinem Buch *Super-Intuition*.**

Fügungsbereitschaft vs. starre Kontrollüberzeugung

Falsch verstandene Selbstwirksamkeit kann zu dem Glauben verführen, man könnte nicht nur das Leben, sondern alle Mitmenschen und auch das Schicksal gleich

* Vgl. Gabriele Oettingen: *Psychologie des Zukunftsdenkens. Erwartungen und Phantasie*, Göttingen 1999.

** Vgl. Kurt Tepperwein: *Super-Intuition*, Heidelberg 2005.

mit nach eigenem Gutdünken kontrollieren. Zeitgenossen, die dies versuchen, sind manchmal sogar erfolgreich darin, ihre Mitmenschen unter die eigene Kontrolle zu bringen – sie werden dann aber letztendlich unglücklich, wenn sie ihr gesamtes Umfeld auf ihre Funktion reduziert haben und kein »freies Schwingen« zwischen ihnen und den anderen möglich ist, sie selbst und die anderen nicht frei atmen können und sich wenig Neues und Spannendes im eigenen Leben ereignet.

»Erst versuchte ich, das Leben zu bezwingen,
aber es besiegte mich.
Dann versuchte ich, das Leben zu verstehen,
aber es entzog sich mir in endloser Tiefe.
Dann letztlich, zögernd und unbeholfen,
versuchte ich, das Leben zu lieben –
da umarmte es mich in überwältigender Freude.«
Aus Kurt Tepperwein, Lebensweisheiten

Darüber hinaus führt eine starre Kontrollüberzeugung auch zu erheblichen Anpassungsschwierigkeiten, beispielsweise wenn man ins Krankenhaus oder Altersheim eingewiesen wird. Die Diskrepanz zwischen der Idee, alles um sich herum kontrollieren zu können, und der neuen Realität kann zu Anpassungsunverträglichkeiten führen, die bis hin zum Suizid reichen.

Chancen des positiven Denkens

Nachfolgend habe ich für Sie noch einmal die wesentlichen Punkte, die wir über das positive Denken bis jetzt erkannt haben, zusammengefasst:

- *Optimismus* fördert die Lebensfreude: Eine positive Sicht der Dinge motiviert zur Umsetzung und schützt vor störenden Zweifeln oder ablenkenden Versuchungen.
- *Lebensführung* schafft Selbstüberwindung: Internale Kontrollüberzeugungen beugen Resignation vor.
- *Lebensbewältigung* macht frei: Eine annehmende Sicht der Vergangenheit (»Was ist daran positiv gewesen?«) lässt Sinn und damit Lebenswillen gedeihen.
- *Selbstwirksamkeit* sorgt für Gelassenheit und Drive: Eine positive Selbsteinschätzung legt Ressourcen frei, selbst wenn sie leicht überzogen sein mag, aber treffend ist.
- *Annehmen* hilft angesichts des Unausweichlichen: Sogar in Extremfällen – z. B. im Gefängnis, im Konzentrationslager, im Falle einer Krebskrankheit – kann eine positive, d. h. annehmend-bejahende Geisteshaltung das Leben retten.*

* Letzteres wies beispielsweise D. Ferring in einer Studie nach. Vgl. D. Ferring u.a.: »Korrelate der Überlebenszeit bei Krebspatienten«, Elmar Brähler, Edgar Heim und Meinrad Perrez (Hg.): *Jahrbuch der Medizinischen Psychologie, Band 10, Krankheitsbewältigung*, Göttingen 1994, S. 63–73.

Als »Zwischenergebnis« können wir also festhalten: Positives Denken hilft, über sich hinauszuwachsen. Es ist insbesondere dort hilfreich, wo es das Zutrauen in sich selbst begünstigt und so dafür sorgt, dass förderliches Verhalten bzw. Handlungen eingeleitet werden, die sonst unterlassen würden, und der Betreffende so mit seinen Taten wachsen kann, statt sich durch negative Zukunftserwartungen selbst zu blockieren und zu resignieren.

Der Ort, an dem sich das positive Denken zeigen soll, ist »das Leben selbst«. Ohne die innere Bereitschaft, die grundlegende Güte des Lebens anzuerkennen, würde jegliches positive Denken im Sand verlaufen. Beschäftigen wir uns deshalb jetzt mit der Frage, warum das Leben positiv ist.

Warum das Leben positiv ist

Unser Verstand ist ein Instrument zur Unterscheidung. In gewissem Sinne unterscheidet er nicht unähnlich einem Computer zwischen 0 und 1, zwischen »Negation« (Verneinung) und »Aktivierung« (Bejahung). Leider ist unser Computer »Verstand« nicht immer optimal »programmiert«. Er überträgt zu große »Ladungen« auf Themen, die wir eigentlich »negieren« bzw. realistisch bearbeiten sollten – wie z. B. Ärger, Wut oder Mangel –, und er verhält sich ignorierend gegenüber so positiven Eigenschaften wie Dankbarkeit, Freude, Fülle u. dgl.

Wenn Sie feststellten, dass in Ihrem Computer »Viren« ihr Unwesen treiben, würden Sie sofort Ihren Virenschutz »beauftragen«, sämtliche dieser Störenfriede zu eliminieren. Ihr Immunsystem tut in Ihrem Körper, wenn es richtig »programmiert« – sprich: gesund – ist, genau das Gleiche. Es unterscheidet zwischen fremdem und eigenem, nützlichem und schädlichem Eiweiß. Fremdes Eiweiß muss normalerweise zerstört werden (wenn es sich um Eindringlinge handelt), manchmal aber muss es geschützt werden, beispielsweise wenn es um wertvolle Aminosäuren geht, die wir mit der Nahrung aufgenommen haben. Je nach Stärke und Intelligenz des Immunsystems bleiben Menschen gesund oder neigen zur Krankheit.

Es gibt auch ein »geistiges Immunsystem«. Dieses wird gestärkt durch die Liebe zum Leben selbst. Und es gibt ein Reparaturprogramm für unser geistiges Immunsystem, für unsere geistige Hardware, sozusagen. Dieses Reparaturprogramm wird immer dann aufgerufen, wenn wir mit dem Leben in Konflikt geraten. Das Leben bietet uns quasi die Schnittstelle, die uns einen Datenabgleich ermöglicht, bis unsere »Festplatten« nicht nur vollends virenfrei, sondern sogar auf dem neusten Stand, »updated«, sind. Der Reparaturservice, den wir dafür benötigen, ist unsere eigene Bewusstheit. Um diese in vollem Umfang nutzen zu können, benötigen wir eine Respektierung des Lebens und seiner unermesslichen Intelligenz, mit der es uns durch die »Sprache der Lebensumstände« immer wieder erkennen lässt, ob unser »Datenabgleich« jetzt erfolgreich gelaufen ist oder noch »Fehlprogramme« in uns ihr Unwesen treiben.

Auch wenn das Leben eine unermessliche Intelligenz besitzt, oder gerade deshalb, bietet es nicht nur Angenehmes, Schönes, Positives, sondern auch Unangenehmes, Hässliches, scheinbar Negatives. Ähnlich, wie unser Immunsystem durch Viren trainiert wird, dient all dies als Quercheck unserer eigenen Bewusstheit. Damit wir uns zu selbständigen Wesen (und nicht zu »Anhängern« irgendeiner Doktrin) entwickeln, anerbietet uns die *eine* Kraft das Lernen und Erkennen über *beide* Pole, die positive und die so genannte negative Kraft, die beide gleichermaßen dem Herrscher allen Seins, Gott, dienen.

Mephisto(pheles) gilt als der bekannteste der so genannten »bösen Geister«. Alte kabbalistische Lehren besagen, der Name seines Herrschers sei Zadkiel, einer der Thronengel Gottes, und er würde den Menschen zu einem Seelenhandel gegen materielle Güter und Freuden versuchen. Im *Faust* lässt Goethe den Mephistopheles sagen:

»Ich bin der Geist, der stets verneint!
Und das mit Recht, denn alles, was entsteht,
Ist wert, dass es zugrunde geht …«*

Was mag der Sinn einer Instanz sein, die »verneint« und die glaubt, dass alles, was entsteht, keinen anderen Wert habe, als zugrunde zu gehen? Nun, auch das so genannte Negative hat seinen Sinn in der Schöpfung, sonst würde es ja nicht existieren. Wenn Gott alles geschaffen hat, dann hat er auch die »negative Kraft« geschaffen, doch wozu? Dem »Negativen« fällt die Auf-

* *Faust* I, 1338–1340.

gabe der »Prüfung« zu. Das »Negative« hat die Aufgabe, unsere Standfestigkeit und unseren »inneren Sinn« zu prüfen; und damit diese Prüfung auch gründlich ausfällt, ernährt sich das Negative ausschließlich von dem Negativen (Unerlösten), das ihm von dem Menschen entgegengebracht wird, ohne dies hätte es keine eigene Existenz.

Diese Aufgabe des Überprüfens auf Lebensfähigkeit wird von Astrologen übrigens gern dem Tierkreiszeichen Skorpion zugeordnet, und so sagt man dem Sternzeichen Skorpion nach, dass es alles auf Lebensfähigkeit testet.

Konzentrieren wir uns wieder auf Mephisto und was wir noch von ihm als Repräsentanten der »negativen Kraft« lernen können. Goethe lässt ihn, den Mephistopheles, kurz vor der soeben zitierten Stelle sagen:

> »[Ich bin ein] Teil von jener Kraft,
> Die stets das Böse will und stets das Gute schafft.«*

Das so genannte Negative soll also lediglich dazu dienen, dass wir uns »ent-scheiden«, dass wir uns lösen von dem, was uns nicht entspricht, was kein Leben in sich trägt. Dies sind vor allem unsere falschen Vorstellungen vom Leben.

Kommen wir also zurück zu der Frage »Warum ist das Leben positiv?«. Hinter dem Leben steckt eine kosmische, allumfassende Intelligenz, die permanent mit al-

* *Faust* I, 1335 f.

lem kommuniziert und die alle Existenz hervorgebracht hat. Das Leben, diese Intelligenz, das ist »Gott in Aktion«. Wir können uns als Zellen dieses einen »Körpers« auffassen, den wir auch »Gott« nennen dürfen. Unsere eigene »Ein-stellung« entscheidet, ob wir uns von der negativen Kraft verführen lassen oder dem *einen* Leben eine angemessene und stimmige Haltung entgegensetzen, ob wir »im Leben sind«. Positiv eingestellt zu sein, bedeutet z. B.,

- an das Leben zu *glauben,*
- das *Leben als Lehrer* anzunehmen,
- *ja zum Leben* und *zu sich selbst* zu sagen (das Wort »ja« hängt lautmalerisch mit dem Wort »Jahwe/Yahwe« [= Gott] zusammen),
- das *Unstimmige,* das, was nicht zu Ihnen gehört, *loszulassen,* d. h., zu erlauben, dass es seine Ladung und damit seine Kraft über uns verliert,
- die eigene *Achtsamkeit* zu trainieren und auf »das, was ist« (Gott, die eigene Kraft), das Selbst, auszurichten,
- die *Wahrheit* hinter dem (An)schein zu *erkennen,*
- das Leben als *Bühne der Selbsterfahrung* zu verstehen und zu nutzen,
- seinen *eigenen Platz im Leben* zu *finden* und einzunehmen,
- *göttliche Führung* und größere Lebenszusammenhänge zu *erfahren,*
- *vom »Ich«* (Ego, Vorstellungen, Erwartungen) *zum »Selbst«* zu kommen,
- die *geistigen Gesetze* zu erkennen und anzuwenden,

- in *jedem und allem*, was Ihnen begegnet, das *Vollkommene* (Gott/das Göttliche/den inneren Buddha/den Menschensohn) zu sehen,
- vom *Verstand* zur *Wahrnehmung* zu gelangen,
- das *Unangenehme*, Schmerzhafte, Unerfreuliche wahrzunehmen und es im Bewusstsein zu *wandeln*,
- die *Maskierungen* der Welt, wie Sie Ihnen gespiegelt wird, mit Bewusstheit zu *durchschauen*, zu durchdringen,
- gelebte *Stimmigkeit*,
- *mit der scheinbaren Unvollkommenheit* der Welt, der Mitmenschen und der eigenen Persönlichkeit so vollkommen wie möglich *umzugehen*.

Positiv eingestellt zu sein, bedeutet hingegen nicht,

- alles *Unangenehme*, Schmerzhafte, Unerfreuliche *nicht wahrzunehmen*,
- sich *einzureden*: »Alles wird schon gut«, *ohne selbst die Voraussetzungen dafür zu schaffen*,
- zu *glauben*, das Leben müsse einen *permanent mit Geschenken und Angenehmem überhäufen*, weil man doch so lieb sei,
- den Aufgaben des Lebens zu *entfliehen*,
- immer *Ja und Amen* zu jedem und allem *zu sagen* (bereits in der Bibel heißt es ja: »Eure Rede sei ja, ja, nein, nein. Was darüber ist, das ist von Übel«*),
- zu versuchen, nur die *Erwartungen* oder Vorstellungen *anderer* Menschen zu *erfüllen*,

* Matth. 5, 37.

- *sich selbst zu vergessen* (Sie selbst sind die Hauptaufgabe in Ihrem Leben; diese Weisheit wird allerdings häufig missverstanden …).

Das Leben ist der beste Therapeut, den man sich vorstellen kann: Es heilt jeden! Deshalb ist das Leben positiv. Es liegt an uns selbst, ob wir uns immer mehr in der Illusion des Getrenntseins von allem verlieren, ob wir manipulierbar und steuerbar sind – oder ob wir unser Leben als Weg der Selbstbefreiung nutzen. Verwirklichung bedeutet, mit der *wirkenden* Kraft eins zu werden. Dies ist nur möglich durch bewusste Übernahme der Verantwortung für unser Dasein.

Natürlich braucht es Demut, um auch Schicksalsschläge anzunehmen, es braucht ein weites Herz dafür und Mitgefühl mit allen Menschen, die gerade Ähnliches oder Schlimmeres erleiden. Aber genau dies kann uns auch wieder aus der Talsohle herausführen.

Das Schlimmste, was Sie sich antun können, ist, generell »auf das Leben sauer zu sein«, nur weil es offenbar nicht daran denkt, Ihre Vorstellungen zu erfüllen. Denn der Fehler liegt nicht im Leben selbst, sondern in unseren Vorstellungen – und das aufzuzeigen, ist ja gerade die Aufgabe des »Lehrers Leben«!

Sieben Eckpfeiler »richtig« angewandter Positivität

1. Positives Denken

Erkennen: »Alles ist gut«, denn alles will mir nur dienen und helfen. Achtsam und beharrlich durchs Leben gehen. Voller Vertrauen und Humor, gelassen tun, was zu tun ist. Dankbar die Wirklichkeit hinter dem Schein erkennen und geborgen in der Fülle des Seins leben.

2. Positives Fühlen

Offen und ausgeglichen die Menschen so annehmen, wie sie nun einmal sind. Vertrauensvoll und zuversichtlich zu seinen Gefühlen stehen und sich wert fühlen, in der Fülle zu leben. Das Leben nur beobachten, nicht bewerten, und liebevoll das Richtige geschehen lassen.

3. Positives Wollen

Lernen und verstehen wollen. Entschuldigen und verzeihen und selbst das Richtige tun wollen. Wollen, was man soll! Hören, was das Leben will, den eigenen Willen loslassen und *seinen* Willen erfüllen wollen!

4. Positives Reden

Sich klar ausdrücken lernen und die Wortinflation stoppen. Keinen ungebetenen Rat geben und auch zu schweigen lernen. Ehrlich sein in Wort und Tat und Wortgeschenke machen. Mut machen, Trost spenden und Worte zum Helfen, Danken und Segnen gebrauchen.

5. Positives Handeln
Überlegt, feinfühlig und nachsichtig handeln. Liebevoll, konstruktiv und hilfreich sein. Zuverlässig, rücksichtsvoll und beharrlich bleiben, unabhängig von den Erwartungen der anderen. Verantwortungs- und »selbst-bewusst« bleiben, bei allem, was ich tue. Lernen, zu geben und zu nehmen, und aus der »inneren Führung« im richtigen Augenblick das Richtige tun. Auch bewusst und mäßig das Richtige essen. Fröhlich und frei die Freiheit des anderen respektieren.

6. Positives Bewusstsein
In der Erkenntnis der Wahrheit und Wirklichkeit harmonisch, selbstlos und geborgen sein. Regelmäßig in die Stille gehen und sich Zeit für Meditation und Gebet nehmen. Das ganze Sein auf das Höchste ausrichten. Geistesgegenwärtig und (präsent, im Hier und Jetzt, ganz in seiner Kraft, Macht und Mitte) sinnvoll leben.

7. Positives Leben
Die geistigen Gesetze beachten, sorglos und gelassen durchs Leben gehen in der Erkenntnis, dass alles »gleich-gültig« ist. Harmonische Beziehungen pflegen und sich auch an den kleinen Dingen erfreuen. Gern leben, aber auch jederzeit bereit sein zu gehen. Solange wir hier sind, vernünftig, vorbildlich und gesund leben. Das ganze Sein auf das Höchste ausrichten und Gott in allem und jedem erkennen und achten. Dankbar und bewusst jeden Augenblick erfüllen.

Leider sind die wenigsten Menschen dazu bereit, den königlichen Weg der Erkenntnis zu gehen – die meisten erhalten dann unfreiwilligen Nachhilfeunterricht von den beiden strengen Lehrern Krankheit und Leid. Ich möchte hier nicht moralinsauer sein oder mit erhobenem Zeigefinger schreiben. Den Weg der Erkenntnis zu gehen, bedeutet auch nicht, alle Dogmen und Moralismen nachzuahmen. Gerade das Beispiel des »verlorenen Sohnes« zeigt, dass wir auf unserer Heldenreise gar nicht anders können, als unsere Erfahrungen selbst zu machen. Alles andere wäre Scheinheiligkeit. Aber ich möchte dazu auffordern, mit dem Leben in Tuchfühlung zu kommen und seine Sprache zu verstehen.

Ich will nicht sagen, dass Gott mit sich handeln ließe, er ist natürlich kein Verkäufer, und das Gebet ist kein Warenbestellschein. Doch Sie können der *einen* Kraft Ihre Sorgen, Nöte und Bedürfnisse offen legen und um eine bestmögliche Lösung und Erkenntnis bitten. Dann wird sich Ihnen ein einzigartiger Weg aufzeigen, der Sie in die Geheimnisse des Lebens in einer Tiefe einweiht, die kein Moralismus je vollbringen kann. Weil ebendies nur das Leben zu schaffen vermag – deshalb ist das Leben positiv.

Positives Denken und Leben bedeutet in erster Linie auch den Verzicht auf Negatives. Dies lernen wir von den drei weisen Affen, die sich den Mund, die Ohren, die Augen zuhalten. Der Affe steht seit alters für den »Mind« (= Verstand plus Gemüt), der in seinen Gedanken ziellos hin und her springt, ohne auf die Folgen seiner Unachtsamkeit zu achten. Die Bedeutung der drei weisen Affen des japanischen Drei-Affen-Motivs *(sambiki-zaru)* ist:

1. *Iwa-zaru* enthält sich des Sprechens, wenn ein böses Wort auf seine Zunge schleichen will, und kommt dadurch in die Lage, aus seiner Stimmigkeit heraus zu reden und zu handeln.
2. *Kika-zaru* enthält sich des Hörens, wenn jemand etwas Negatives sagt, er »überhört« das Unstimmige und wird dadurch hellhörig für die »inneren Klänge«, die innere Stimme Gottes der *einen* Kraft.
3. *Mi-zaru* enthält sich des Sehens von Bösem, des bösen Blicks, und sieht liebevoll »mit weichen, gütigen Augen« auf die Dinge, wie immer sie ihn auch umgeben, kommt dadurch zur Einsicht in den inneren Himmel, die inneren Welten.

Fazit

Positives Denken ist hilfreich, solange es notwendiges Handeln vorbereitet und nicht ersetzt.
Um die Positivität des Lebens herauszuarbeiten, müssen wir uns des Weiteren mit dem Bewusstsein beschäftigen. Auf dem Weg werden wir erkennen, dass Erfolg nur eine der drei Möglichkeiten ist, Bewusstsein zu verwirklichen. Die anderen beiden lauten Erkennen und Sinnfinden. Verwirklichung impliziert also drei Aspekte und damit drei verschiedene Wege. Jeder dieser Wege kann zum Ziel führen. Ideal wäre es natürlich, wenn man alle drei Wege verwirklichte.

Lebenssinn

Es gibt hinsichtlich des Lebenssinns vor allem drei Ströme der Bewusstheit, die mit unserem Bewusstsein in Resonanz stehen: die Logik, das Erkennen und die Sinnfindung.

Logik

Für das eigene Leben angewandte Logik bedeutet, Lebensformeln zu suchen und zu finden, die »funktionieren«. Dies bedeutet beispielsweise, die eigene »innere Landkarte« von der Welt mit dem äußeren Dasein so abzustimmen, dass Sie sich – gemäß den eigenen Maßstäben – erfolgreich darin bewegen. Der Prozess der Logik läuft, wie wohl jede »Formelbildung«, über den Weg von Versuch und Irrtum. Die Gabe des Zweifelns schärft das Denken, bis wir das erfasst haben, was nicht mehr anzweifelbar ist. Das, was wir nicht mehr bezweifeln können, das ist für uns wahr, dem können wir vertrauen.

In Indien wird ein solcher Zustand des Unzweifelbaren »Nirvikalpa-Samadhi« genannt. Es ist nach der Vedanta-Philosophie der höchste transzendentale Bewusstseinszustand, die Verwirklichung der vorher nur vorgestellten Denkform »*Ich bin* Brahman«. Jemand, der »jenseits der Grenzen des Verstandes« lebt, ist deshalb nicht »kopflos«: Er erkennt die für ihn stimmige Lebensformel aus einer anderen Warte heraus. Dieser Prozess ist vielleicht vergleichbar mit dem Schnelllesen: Während der »normale« Leser mehr oder weniger Wort für Wort mit den Augen abtastet, um ein Buch zu erfassen, »fotografiert« der geübte Schnellleser mit seinem Gedächtnis »einfach« Seite für Seite und ruft dann aus seinem Bewusstsein den Buchinhalt ab.

Wer gelernt hat, dass Logik funktioniert – beispielsweise das Gesetz von Ursache und Wirkung –, der ist nicht mehr vom Leben hin und her getrieben, er beginnt, sich stimmig zu verhalten. Nehmen wir als Beispiel für den Weg der Logik einmal den Ackerbau. Solange der Mensch die Logik des Säens und Erntens noch nicht kannte, musste er als Sammler seine Lebensmittel sorgsam suchen bzw. erjagen, dabei weite und oftmals gefährliche Wegstrecken zurücklegen. Heute macht sich kein Bauer mehr über das Gesetz des Säens und Erntens Gedanken, er tut stets das Rechte zur rechten Zeit. Er »bestellt« den Acker und genießt die Früchte.

Der Weg der Logik hat auch nichts mit Emotionen zu tun. Der Bauer richtet seine Arbeit nicht danach ein, in welcher Stimmung er ist (etwa nach dem Motto »Heute habe ich keine Lust zu säen«), er sät und erntet halt.

Um mein Leben aus Sicht der Logik heraus zu verwirklichen, reicht es schlicht und einfach, eine Formel, beispielsweise das Mentaltraining, anzuwenden, täglich zu überprüfen, ob die Formel richtig angewandt wurde, also sich selbst auf eventuelle Fehler und Versäumnisse zu überprüfen, und die Ernte heimzufahren. Wir wenden also eine Formel an und überprüfen dann in der Lebenspraxis, ob sie funktioniert. Auf dem Weg entwickeln wir Gaben der Selbsterziehung und der Führung.

Logik hat die Aufgabe, uns von der Vergangenheit in die Zukunft zu führen, indem wir aus begangenen Fehlern lernen und unsere Lebensformeln verfeinern. Auf dem Weg erleben wir uns selbst als Mitgestalter dieser wunderbaren Welt, in Einklang mit Gott als dem Schöpfer des Himmels und der Erde.

Erkennen

Der zweite mentale Strom ist der des Erkennens, der in Wissen mündet. Hierbei meine ich nicht das Wissen, wie man es in der Schule lernen kann, sondern unmittelbares Wissen aus erster Hand, wie wir es beispielsweise in der Intuition erfahren. Alle großen Erfindungen entstanden nicht unbedingt durch Logik, sondern auch durch den Einfluss einer Quelle, die wir nicht näher bezeichnen können. Die Wissenschaft spricht diesbezüglich vom »Prometheus-Effekt«*.

Auch über den Strom des Erkennens finden wir Verwirklichung. Jene verläuft aber nicht logisch. Für Wis-

* Prometheus knetete der griechischen Mythologie zufolge aus Lehm und Wasser die ersten Menschen, denen er auch das (von Zeus gehütete) Feuer brachte. Beispiele für den Prometheus-Effekt finden Sie in meinem Buch *Spirituelle Kommunikation* (Aachen 2004) auf S. 189 ff.

sen solcher Art müssen wir in einer speziellen Weise empfänglich werden. Das bedeutet, innerlich leer zu werden, denn nur in eine leere Tasse kann etwas hineingegossen werden. Um für dieses Wissen offen zu werden, müssen wir – im Gegensatz zum Weg der Logik – alles loslassen, was wir zu wissen glauben, damit sich eine andere Tür öffnen kann.

Zum Weg des Erkennens gehören jede Art von bildender Kunst und insbesondere auch die Musik. Alle großen Komponisten haben ihre Werke nicht logisch konstruiert, sondern mit dem »inneren Ohr« gehört. Diese Art von Wissen ist entweder da oder eben nicht. Das ist das Leiden vieler Künstler – eben dass sie die Muse nicht »bestechen«, sondern nur auf sie »warten« können.

Der Zen-Buddhismus ist ebenfalls jenem nicht verstandesmäßig-linear erfassbaren Wissen zuzuordnen. Das größte Erkennen, das dieser Bereich zu bieten hat, ist wohl die »Erleuchtung«, die einem auf dem Weg zuteil werden kann. Auf diesem Weg erleben wir inmitten der ständigen Veränderung der Welt unsere eigene Zentrierung im Immanenten, wir erleben uns in Einklang mit »Gott, dem Unveränderlichen«, dem, »was immer war und immer sein wird«.

Die Schöpfung aus dem, was »nicht von dieser Welt ist«, ob sie sich als Kunst oder spirituelle Bewusstheit zeigt, ist mindestens eine ebenso wertvolle Errungenschaft wie die Schöpfung materieller Güter. Leider wird sie in unserer materiebesessenen Welt viel zu wenig geehrt. Materialismus ist im Prinzip nicht »schlecht«, wenn wir ihn als Ausdruck des Einklangs mit der Fülle des Reichtums für alle der »großen Mutter« Erde* verstehen. Doch wenn wir – notfalls auch auf Kosten anderer – an ihm kleben, sind wir erdgebundene Seelen, unfähig zur Inspiration und geistigen Loslösung von materiellen Zwängen. Wir sollten weise Verwalter der Materie, aber nicht mit ihr verhaftet sein.

Wir befinden uns in diesem Leben »nur« auf einer »Durchreise«. Deshalb sollten wir hier auch Kontakt zu etwas bekommen, was unabhängig von der mehr oder weniger klaren Logik, wie sie sich unserem Alltagsbewusstsein offenbart, zu uns spricht – wahres Wissen, reines Erkennen. Erkennen ist – ebenso wie Erleuchtung – ein individueller Vorgang. Spirituelle Verwirklichung, die Erkennen voraussetzt, kann deshalb nicht geborgt, nicht gekauft, trotz aller Rationalität logisch erschlossen und schon gar nicht durch eine Sekten- oder Religionszugehörigkeit erworben werden. All dies kann uns bestenfalls *in die Nähe* eines »Erwachens«, einer »Verwirklichung« bringen, aber es ist nicht die Verwirklichung selbst.

Das »ultimative Erkennen« möchte ich an dieser Stelle mit dem Flug eines Drachens vergleichen. Jeder ernsthaft begangene Weg, ob es der Pfad des weltlichen Erfolgs oder derjenige der spirituellen Suche ist, führt uns bildlich gesprochen auf einen Berg. Wir sollten diesem unserem Weg treu bleiben, bis wir an der Spitze des Bergs angekommen sind. Doch irgendwann sind wir am Ziel und damit am vorläufigen Ende – eben am Gipfel – angelangt.

* Das Wort »Materie« stammt vom lat. *materia* (= »Stoff; Aufgabe, Thema«) ab, zum lat. Begriff *mater* (= »Mutter«).

Um es einmal ganz banal zu formulieren: Dies ist »nicht schlecht«, es ist »die Aufgabe« eines Berges, »eine Spitze, ein Bergende zu haben«.

Von dort allerdings müssen wir uns mit unserem Drachen abstoßen, wenn wir die Geheimnisse einer anderen Dimension kennen lernen wollen. Wir brauchen den Berg, denn vom flachen Feld aus können wir nicht losfliegen – doch dann müssen wir den Berg loslassen und empfänglich werden für die Strömungen des Lebens. Losgelöst vom Ballast des Wissens aus zweiter Hand, erleben wir mehr und mehr »unmittelbares Wissen«, Wissen aus erster Hand, wie es sich in der Intuition zeigt.

Immer mehr Topmanager »ersitzen« sich Zen-mäßig ihre Entscheidungen in der Klausur, sie warten auf die erkennende Inspiration – wie Künstler, wie Mönche.

Wahres Wissen ist an zwei Merkmalen erkennbar: Erleuchtung und Erwachen. Dies sind zwei verschiedene Begriffe, und im Idealfall kommen beide zusammen. »Erleuchtung« bedeutet profanisiert u.a., »hell im Kopf« zu werden; nicht umsonst sprechen wir von »lichten Gedanken« oder auch von »Geistesblitzen«. Erleuchtung ist also »Licht im Kopf« (und im Körper), wohl auch das, was die Ikonenmaler als Heiligenschein darstellen. Ein Sinnbild für den Weg des Wissens und Erwachens ist der nordischen Mythologie zufolge Odin, der als »Gehängter« tage- und nächtelang verkehrt herum an der Weltenesche hing und so auf das Geheimnis des Lebens (der Runen) wartete – ein Sinnbild für den Weg des Erkennens.

Sinnfindung und Verwirklichung

Ein dritter mentaler Strom, der zur Verwirklichung gehört, ist das Sinnfinden. Der Sinnsuche voraus geht oftmals ein tiefes Gefühl des Unerfülltseins. Man hat vielleicht in materieller Hinsicht alles, was das Herz begehrt, aber irgendetwas fehlt. (Ein Mensch kann bettelarm sein und zugleich ein sinnerfülltes Leben führen, denken wir beispielsweise an Mutter Teresa.) Dieses »Irgendetwas, das fehlt«, macht sich zunächst als leises Gefühl bemerkbar. Immer wieder kann man beobachten, dass Menschen, die ein nach außen hin erfolgreiches Leben führen, über die Sinnlosigkeit ihres Daseins klagen oder auch auf dem Sterbebett ihre Not damit haben, ihr Leben loszulassen, weil sie erkennen müssen, dass sie irgendwie »an sich selbst vorbeigelebt« haben.

Die Frage, wie lebenswert das Leben ist, richtet sich hierbei nicht nur nach allgemeinen Moralvorstellungen, sondern auch danach, inwieweit das, was man lebt, mit den individuellen Werten übereinstimmt. Werte können unterschiedlich sein. Ein Mensch, für den Sicherheit ein hohes Gut ist, wird ein völlig anderes Dasein führen als einer, für den das Abenteuer an erster Stelle steht – auch wenn beide ansonsten gleiche Wertvorstellungen haben. Der Freiheitskämpfer in Südamerika lebt anders als der Wallstreet-Manager in New York. Beide werden einen Sinn in ihrem Leben sehen, wenn das, was sie tun, ihrem inneren Wertmaßstab entspricht.

Viele Menschen sind konditioniert. Sie haben die

Werte ihrer Eltern oder Lehrer übernommen, ohne zu überprüfen, ob sie überhaupt ihre eigenen Werte sind. Dann kann es leicht geschehen, dass ihnen irgendwann alles »ohne Sinn« vorkommt und sie – trotz scheinbar äußerer Fülle – glauben, ein sinnloses Leben zu führen.

Menschen, die sich am Rande der Gesellschaft bewegen, haben Werte ebenso wie die Protagonisten eines Systems. Wollten wir das Leben sterilisieren, das »Milieu« aus den Gesellschaftsschichten verdrängen, würden wir uns selbst um den Humus des Lebens betrügen, denn das Leben braucht alle, die Außenseiter wie die Konservativen. Wichtig ist, dass wir die Position einnehmen, die unseren wahren Werten entspricht, und eine Plattform dafür finden, diese zu leben, so gut es uns möglich ist. Sinnerfüllt zu leben, muss also nicht unbedingt bedeuten, auf herkömmliche Weise im Dienste der Gesellschaft tätig zu sein. Auch ein Aussteiger, der im indischen Goa lebt, kann sinnerfüllt leben und dadurch, dass er mit sich selbst in Einklang ist, zur Harmonisierung unseres Planeten beitragen.

Viktor E. Frankl (1905–1997), österreichischer Psychologe und Überlebender eines Konzentrationslagers, schrieb, dass im KZ diejenigen eine höhere Überlebenschance hatten, die einen Sinn in ihrem Leben sahen, die glaubten, trotz allem »lohne« es sich für sie, Schmerzen zu ertragen und weiterzuleben.*

* Vgl. Viktor E. Frankl: *… trotzdem Ja zum Leben sagen. Ein Psychologe erlebt das Konzentrationslager*, München 1998.

Im Gegensatz zu dem Weg der Logik und dem des Erkennens ist der Weg der Sinnfindung ein Weg, der sich sehr stark an Emotionen orientiert. Schließlich geht es bei der Sinnsuche nicht in erster Linie um das physische Überleben, sondern um ein ungutes Gefühl, das uns »quält« und zur Suche antreibt. Sinnsuche ist also vor allem auch ein emotionaler Weg. Sinnsuche nutzt Erfahrung und sucht Erfahrung.

Sinnsucher sind häufig Menschen, die in ihrem Leben viel gewonnen und viel verloren haben und denen es letztendlich nicht auf Gewinn oder Verlust ankommt, sondern die den Sinn in der Veränderlichkeit der Welt sehen. Sinnsucher erleben Gott als Zyklus, das Leben als Reise, die zu unternehmen sich lohnt. Verwirklichung bedeutet für sie, »Geschichten« zu sammeln und zu leben, die »Sinn machen«, Höhen und Tiefen werfen sie dabei nicht »aus der Bahn«. Vor diesem Hintergrund muss das Leben eines »Sinnfinders« wie Viktor E. Frankl – ohne dass die Gräuel des Nationalsozialismus hier verharmlost werden sollen – als »ungewöhnlich reich« (an Erlebnissen) gewertet werden. Jeder Weg, der uns erkennen lässt, »was die Welt im Innersten zusammenhält«, wird zum Weg der Sinnsuche, auch oder gerade wenn er steinig ist.

»Ich suchte den Sinn meines Lebens
in der ganzen Welt.
In den Wüsten und Meeren und
bei fremden Völkern.
Aber erst als ich müde und zerschlagen
nach Hause zurückkam,
fand ich ihn an der Schwelle
meines eigenen Hauses.«
Klaus Jürgen Becker

Die Sinnsuche mündet in ihrer höchsten Form im spirituellen Erwachen. Ebenjenes Erwachen hat nichts mit der Helligkeit des Kopfes im Sinne von Cleverness zu tun, sondern es findet im *Bewusstsein* statt. Erwachen ist der Einblick in die Gesamtschau aller Lebenszusammenhänge, man erkennt die verborgenen Fäden und durchschaut die Matrix, in der wir leben.

Alle Wege, die in Bewusstheit gegangen sind, führen zur Verwirklichung, zum Wirken der *einen* Kraft, dem *wahren Selbst* durch uns, egal, wie heilig oder unheilig sie äußerlich zuerst einmal anmuten mögen.

Im Gegensatz zu der Zeit etwa des so genannten Wirtschaftswunders, in der es darum ging, aus der materiellen Demütigung herauszukommen und neuen Auftrieb zu gewinnen, fordert die schwierige weltwirtschaftliche, religiöse und politische Situation angesichts folgender aktueller Probleme (Auswahl) heute mehr Sinnfindung denn je:

- das *Abnehmen familiärer Bindung* und Zufriedenheit (erhöhte Scheidungsrate),
- der allgemein *erhöhte Stresspegel,*
- die *ansteigende Kriminalität,*
- die *»Denaturierung des Menschen«* (schwindender Bezug zur Natur),
- die *Eskalation sozialer Probleme,*
- Kirchenaustritte bzw. das *Schwinden der* allgemeinen *Religiosität,*
- *Korruption* und Vertrauensmissbrauch,
- *Machtmissbrauch,*
- das *sinkende Niveau unseres Medienkonsums* (Fernsehen, Internet, Videospiele),
- eine *steigende Gewaltbereitschaft* und Aggressivität,
- die *Überbevölkerung,*
- die *Übersäuerung der Böden,*
- wachsende *Kluft zwischen Armen und Reichen,*
- die Zunahme an vermeintlich *sinnentleerten Arbeitsmethoden,*
- die Zusammenballung der Menschen in Großstädten (weltweite *Landflucht*) oder
- das *»Zusammenbrechen« des Mittelstands.*

Doch in all dem Negativen, das wir erleben, können wir »ver-decktes« Positives sehen, das wir »ent-decken« sollen. All das scheinbar Ungute fordert uns zum Guten, zur Sinnfindung auf. Wir wollen einen Lebenssinn suchen und finden, der auch den Veränderungen der Zeit standhält – damit wir, basierend auf dem, was wir an Sinn gefunden und gestiftet haben, furchtlos in unsere Zukunft gehen können, wie immer sie sich zeigen mag.

Vier Kategorien von Sinnfindung und Sinngebung:

Oftmals sind es gerade die unangenehmen Erfahrungen, die den Weg zur Sinnsuche initiieren:

- *Enttäuschungen:* Dort, wo wir vergebliches Engagement aufgebracht haben, sei es in Beruf, Familie oder beim Hausbau, stellt sich die Sinnfrage. Erkennen wir in der Erfahrung des Loslassens einen Sinn, fällt uns das Loslassen leichter. Dies umso mehr, wenn wir auch die Erfahrung des »vorher Gehabten« als ehemals Sinnvolles ehren und würdigen können.
- *Innere Vorgänge:* Ängste, Depressionen, Zornanfälle etc. fordern ebenfalls zur Sinnsuche auf. Ohne sinnstiftende Tuchfühlung zu den inneren Geschehnissen besteht die Gefahr der seelischen Erkrankung, inneren Beunruhigung, des Misstrauens gegenüber sich selbst. Lernt man, mit seinen inneren Vorgängen in verstehenden Kontakt zu kommen, kann sich das ursprüngliche Leiden als Entwicklungshelfer zu einer größeren Bewusstheit erweisen – und damit als sinnstiftend.
- *Misserfolge:* Ohne eine sinnstiftende Einstellung kann das Gefühl der Ohnmacht bei Misserfolgen zu Aggressivität oder Resignation führen. Hier ist gegebenenfalls therapeutische Arbeit vonnöten, damit der Sinn der Misserfolge gefunden und die Motivation zu neuem Erfolg aktiviert werden kann.
- *Unerreichbarkeit von Zielen:* Auch dies kann sich als sinnbelastend erweisen. In dem Fall hilft es, die Ziele

auf Sinnhaftigkeit und Realisierbarkeit zu überprüfen, sie möglicherweise durch realistischere Ziele oder Bestrebungen zu ersetzen.

- *Verluste:* finanzielle Verluste oder beispielsweise die Trennung von einem Partner oder der Familie.

Als Folge von Sinnverlust oder nicht erkennbarem Sinn fühlen sich die meisten Menschen aggressiv, belastet, erschöpft, depressiv, entmutigt, gebremst, geistesabwesend, gestresst, hoffnungslos, krank, passiv oder resigniert usf. – doch wie der bereits zitierte Viktor E. Frankl in seinem Werk darlegt, ist es die Sinnfindung in unserem Leben, die es uns ermöglicht, ungeachtet der Schwere oder Leichtigkeit unseres Daseins »trotzdem ja zum Leben zu sagen« – diese und nur diese Betrachtung ist wirklich positiv und wegbereitend für uns.

Sinnerfahrungen sind für unser Leben insbesondere deshalb von so hoher Bedeutsamkeit, weil sie uns auch in den Zeiten tragen, in denen wir scheinbar Misserfolg haben. Das Leben mit seinen Höhen und Tiefen verläuft in Wellen. Doch das, was nach einem end- und sinnlosen Auf und Ab im Leben aussieht, ist von einer höheren Warte aus betrachtet eine Weiterentwicklung, die wir allerdings nur verstehen können, wenn wir die Sinnfrage in unsere Überlegungen einbeziehen.

Das einfachste Beispiel, dies zu verdeutlichen, ist der Kreislauf von Geburt und Tod. Ich wiederhole es immer wieder, weil es so fundamental wichtig ist, aber von den meisten permanent verdrängt wird: Der Mensch wird nackt geboren, und er muss »nackt« (= ohne Hab und Gut »mitnehmen« zu können) wieder sterben. Rein äußerlich betrachtet, scheint also de facto kein »Zugewinn« entstanden zu sein. Ob jemand im Laufe seines Lebens arm gelebt hat oder reich, angesehen oder verachtet, gesund oder krank – er verlässt dieses Leben im Prinzip so, wie er gekommen ist.

Den »Zugewinn«, den ein »richtig« gelebtes Leben bringen kann, wird uns also offensichtlich nicht die »Logik«, wie sie landläufig verstanden wird, offenbaren; hierfür braucht es Sinn. Wir benötigen einen Sinn, etwas, für das es sich zu leben lohnt – etwas, was das Leben lebenswert macht.

Der Sinnforschung verdanken wir eine empirische Untersuchung, der gemäß sich Kriterien für den Lebenssinn vier Kategorien zuordnen lassen. Diese Zuordnung entspricht im Übrigen den vier Quadranten des Horoskops:

1. *Quadrant:* persönlicher Erfolg, berufliche Erfüllung, sportliche Leistungen, Wunscherfüllung, Zielerreichung, sich als (Mit)schöpfer erfahren.
2. *Quadrant:* helfen, heilen, verantworten, soziale Sinnfindung in der Gemeinschaft mit anderen, Familie, Gruppen, Gesellschaft, sich als Beitragenden, Nährer und Helfer erfahren.
3. *Quadrant:* psychische Weiterentwicklung, Sicherheit, Selbstvertrauen, Arbeit an sich selbst, sich als Seele erfahren.
4. *Quadrant:* Religion, Spiritualität, Glaube, Einklang mit der Natur etc., sich in Bezug zu dem Unendlichen, dem Unabänderlichen erfahren.

Jede der vier Kategorien ist gleich wertvoll. Gemäß dem Astrologen Wolfgang Döbereiner durchläuft der Mensch im Laufe seines Lebens alle Quadranten, auch wenn er persönlichkeitsbezogen den einen oder anderen Quadranten bevorzugt.

Was bei der Sinnfindung zu beachten ist

Um ein sinnerfülltes Leben zu führen, gibt es einige Dinge, die zu beachten sind. Fangen wir an mit dem, was Sie möglichst unterlassen sollten:

- *»Armes Hascherl« spielen:* Viele Menschen stellen ihr Licht unter den Scheffel. Man kann von ihnen Sätze wie die folgenden hören: »Ich weiß nicht, was mein Leben soll!«, »Die Welt wäre besser ohne mich!«, »Wenn ich keinen Erfolg habe, bring ich mich um!« oder »Wer bin ich schon?«. Das sind Geisteshaltungen, die sich alles andere als sinnstiftend erweisen. Immer wieder kommen Menschen in meine Praxis und sagen: »Herr Tepperwein, ich hatte so eine schwere Kindheit!« Meine Antwort ist immer die gleiche: »Seien Sie doch froh, dass sie vorbei ist!«
- *Ethische Werte missachten:* Gerade im Falle des Misserfolgs zeigt sich, wes Geistes Kind jemand ist. Ein positives Beispiel ist Hiob, der auch angesichts gewaltiger Verluste und Schicksalsschläge seine ethische Gesinnung beibehielt. Ein abschreckendes Beispiel ist Adolf Hitler, der, wie die Therapeutin und Tiefenpsychologin Alice Miller in ihren Büchern beschreibt, seine Demütigungen als Kind und später die Ab-

lehnung der Wiener Kunstakademie als Motivation missbrauchte, um sein Unwesen zu treiben.

- *Kurzschlusshandlungen:* Der Sinn eines Lebensabschnitts offenbart sich oft erst Jahre später, wenn überhaupt. In solchen Fällen brauchen wir die Geduld, müssen abwarten, bis uns der Sinn als Lebensgeschenk überreicht wird. Kurzschlusshandlungen würden die Sinnfindung erschweren. Dumm wäre es, das ganze Leben infrage zu stellen, nur weil man Gottes weisen Ratschluss nicht sofort versteht. In Zeiten der Krise sollten Sie sich fragen: »Was könnte in diesem Augenblick meinem Leben Halt geben?«
- *Opfermentalität:* Besonders fatal ist es, wenn ein Schicksalsschlag als Strafe Gottes betrachtet wird. Besser ist es zu fragen, ob man sich selbst der Ursache des Schicksalsschlags bewusst ist. Wenn ja, kann man die Ursache durch eine positive Veränderung der Geisteshaltung ändern. Wenn nein, sollte man sich fragen, was man *günstigstenfalls* dennoch aus der Erfahrung »herausholen« kann. In beiden Fällen verändert man die eigene Polarität ins Positive.
- *Warum-Grübelei:* Die Frage »Warum gerade ich?« bzw. »Warum muss das ausgerechnet mir passieren?« hilft uns im Augenblick nicht weiter, da wir uns mit dieser Frage nur immer tiefer in den eigenen »Sumpf« hineingraben. Um wieder festen Boden unter den Füßen zu bekommen, müssen wir statt nach den »Warums« nach Möglichkeiten fragen, wir müssen – so wie Viktor E. Frankl – nach dem Sinn sogar in dem scheinbar Negativen suchen. Forschungen zeigen, dass Perso-

nen, die nach Schicksalsschlägen weniger über das »Warum« und mehr über das »Wofür« nachdachten, mehr Lebensmut und Handlungsbereitschaft entwickelten als »Warum-Frager«; ihr Leben zeigte sich auch Jahre später als deutlich sinnerfüllter.

Zu den hilfreichen Faktoren, Geisteshaltungen und Disziplinen, die uns dem Lebenssinn im Alltag näher bringen können, zählen die folgenden:

- *Positives Annehmen:* Das scheinbare Schicksal, das man erlebt hat, oder die aktuellen Lebensumstände sollte man zuerst einmal annehmen und darauf vertrauen, dass sich der Sinn im Laufe der Zeit ergeben wird.
- *Positive Aufgaben:* Die Gaben, die wir vom Leben bekommen haben, sind zugleich auch unsere Aufgaben. Damit wir unsere Gaben in die Welt tragen können, haben wir keine bessere Wahl, als unsere Aufgaben freudig zu bejahen und unsere Pflichten, so gut wir es können, zu erfüllen. Es ist noch kein Meister vom Himmel gefallen. Und niemand ist perfekt. Gehen Sie deshalb gnädig mit sich selbst um. Erledigen Sie eventuell nur das Notwendigste, das ist immer noch besser, als nichts zu tun. Messies (so nennt man Menschen, die unter dem »Vermüllungssyndrom« leiden bzw. nichts wegwerfen können) wird beispielsweise empfohlen, am ersten Tag ihrer Eigentherapie lediglich das eigene Bett sauber und ordentlich zu machen – nicht mehr. – Warum hat jetzt die Erfüllung Ihrer Aufgaben Sinn? (Bei dieser Frage ist es gleich-

gültig, ob es um die Aufgabe geht, Ihre Kinder zu erziehen, zur Arbeit zu gehen oder sich um Ihren Garten zu kümmern.) Ganz einfach: weil die Schöpfung *Sie* mit dieser Aufgabe betraut hat, weil es *Ihr* Beitrag zum großen Ganzen ist. Eine Aufgabe von Bäumen ist es, Sauerstoff zu produzieren, zu den Aufgaben von Bienen gehört es, Blüten zu bestäuben – und unsere Aufgabe sind die Dinge, die vor uns liegen. Wenn Sie allerdings die Zweifel an dem, was Sie tun sollen, nicht loswerden, dann wird es sinnvoll sein, einmal zu untersuchen, ob das, was Sie offenbar tun müssen, auch wirklich Ihre oder lediglich eine oktroyierte Aufgabe ist, die mit Ihrem eigentlichen Lebenssinn in keinerlei Zusammenhang steht.

- *Positive Bewältigung:* Wir sagten bereits, dass es bei der Bewältigung einer schweren Vergangenheit oder Gegenwart hilft, einen Sinn darin zu erkennen. Was aber kann der Sinn von Problemen, Schwierigkeiten oder erfahrenem Leid sein? Die Antwort ist mannigfaltig: Wir können dem Leiden einen Sinn geben, indem wir aus ihm lernen, stärker werden oder an ihm reifen. Wir bekommen eine realistischere Sicht der Dinge und setzen andere Prioritäten. Wir können einer Krankheit einen Sinn geben, indem wir ihre Botschaft verstehen* und intensiver leben: Auf einmal bekommen wir, in tiefer gesundheitlicher Not, einen Blick für die Schönheit des Lebens.
- *Positives Engagement* (s.a. »Positivität durch Helfen

* Vgl. z.B. Kurt Tepperwein: *Die Botschaft deines Körpers. Die Sprache der Organe*, Landsberg a. Lech 2005.

entwickeln«): Durch Engagement lenken Sie Ihre Leidenschaft in eine positive Richtung. Setzen Sie sich für etwas ein, was Ihnen wichtig ist. Dies aber, ohne Ihr Umfeld zu missionieren oder anderen gegen ihren Willen etwas »Gutes zu tun«. Die Art und Weise Ihres Engagements sollte zu Ihrer Persönlichkeit passen. Liegen Ihnen beispielsweise besonders Kinder am Herzen, kämpfen Sie vielleicht voller Leidenschaft gegen Kindesmisshandlung.

- *Positives auch im Kleinen schätzen:* Es müssen nicht immer die großen Dinge sein, die uns Freude machen. Eine Blume am Wegesrand oder ein Mensch, der mich liebevoll grüßt, kann sinnspendende Freude schaffen.
- *Positivität durch den Glauben entwickeln:* Sinn lässt sich nicht beweisen, aber er lässt sich durch Glauben entdecken. Damit ist nicht unbedingt der institutionalisierte Glaube gemeint. Jeder Mensch hat irgendeinen Glauben. Und dieser Glaube lässt sich weiterentwickeln, beispielsweise durch die Beschäftigung mit Philosophie, Religion oder durch Erfahrungen, die wir mit dem Wirken einer höheren Kraft in Verbindung bringen. Hierbei ist es nicht wichtig, welchen Glauben ein Mensch hat, sondern dass er sich überhaupt damit auseinander setzt. Zum Glauben gehört der persönliche Bezug zu etwas, was über das Menschsein hinausgeht, was umfassend, liebend, gütig, transzendent ist, wie immer wir diese Kraft bezeichnen. Menschen, die einen Glauben haben, ob christlich, buddhistisch oder sonst wie, zeigen sich statistisch als deutlich sinnerfüllter denn Atheisten oder so genannte »Realisten«.

- *Positivität durch Helfen entwickeln* (s.a. »Positives Engagement«): Wenn wir erleben, dass unsere Handlungen anderen Menschen eine Hilfe sind, erfahren wir eindeutig die Positivität unseres Wirkens. Wir erleben, dass unsere Tätigkeiten für andere wertvoll sind. Dies kann uns beflügeln. Wenn es uns gelingt, die Not eines Mitmenschen zu lindern, kann uns dies mit Freude und Dankbarkeit erfüllen, egal, ob es sich um Sterbebegleitung, Armenfürsorge, Krankenpflege oder ein gutes Wort für einen Menschen in Not handelt. Gemeinsam getragenes Leid kann auch das eigene Herz öffnen. Allerdings darf dies nicht in ein Helfersyndrom ausarten – was zu einer Art Koabhängigkeit* führen kann –, und positives Helfen bedeutet auch nicht, dem anderen die eigene Hilfe aufzudrängen, ihn sozusagen »zwangszubeglücken«. Unser Hilfeangebot sollte stets freiwillig angenommen werden und mit Respekt vor dem anderen erfolgen. Auch sollten wir für unsere Hilfe keinen Dank erwarten, denn sonst sind wir unter Umständen schnell enttäuscht und entmutigt. Manche Hilfebedürftige sind so sehr mit sich selbst beschäftigt, dass sie zum Danken nicht in der Lage sind. Wir sollten helfen, weil es unserer Verantwortung gegenüber unserer Seele, dem höheren Selbst entspricht, unabhängig davon, ob wir dafür belohnt oder beschimpft

* Unter dem Begriff »Koabhängigkeit«, auch »Co-Abhängigkeit«, versteht man in der Regel zweierlei: einerseits die Situation des engen Umfelds von Suchtkranken (also die Lage ihrer Partner, Kinder oder Eltern); andererseits eine Liebes- bzw. Beziehungssucht, die im Extremfall so weit gehen kann, dass man an einer Partnerschaft festhält, obwohl man an ihr zu zerbrechen droht.

werden. Positives Helfen, richtig angewandt, ist nicht nur sinnstiftend – es legt bei uns auch einen blockierten Kanal wieder frei, sodass die schöpferische Energie auch für uns wieder fließen kann. Wie Allan Luks in seinem Werk *Der Mehrwert des Guten** ausführlich darstellt, ist richtig angewandtes Helfen ein Weg, uns dem Leben und der Positivität des Lebens zu öffnen. Verschiedene Studien haben offenbart, dass sich durch aktives Helfen beim Helfer selbst die psychosomatischen Symptome und die emotionale Befindlichkeit verbesserten.

- *Positive Kreativität:* Jeder kreative Akt birgt in sich das Potenzial der Sinngebung. Ob Sie Ihren seelischen Zustand auf Leinwand bannen, modellieren, handwerkeln oder was auch immer – entwickeln Sie Ihre schöpferischen Gaben, seien Sie stolz auf Ihre Produktionen und bringen Sie sich dadurch wieder in Kontakt mit Ihrem Inneren, sodass Ihr Lebenssinn neu hervortreten kann.
- *Positive Musik:* Einer der effektivsten Wege, um wieder in Einklang mit sich und dem eigenen Lebenssinn zu kommen, findet sich in der Musik. Hierbei ist die klassische Musik der modernen Popmusik vorzuziehen. Die großen Komponisten der letzten Jahrhunderte haben nahezu jedes Lebensthema vertont. Indem Sie das Ihrem aktuellen Lebensthema entsprechende Musikstück hören und sich gedanklich ganz in die Klänge hineinbegeben, erfahren Sie eine Spie-

* Allan Luks und Peggy Payne: *Der Mehrwert des Guten. Wenn Helfen zur heilenden Kraft wird*, Freiburg 1998.

gelung, aber auch eine Auflösung der eigenen Befindlichkeit. Die Lebensenergien verlassen ihre emotionale Gebundenheit und stehen wieder frei für die aktive Lebensbewältigung zur Verfügung. Tipp: Probieren Sie doch einmal bei Antriebsschwäche die Ouvertüre zu Michail Glinkas zweiter Oper »Ruslan und Ludmilla« oder Arthur Honeggers Lokomotivenhymne »Pacific 231«. Eine umfassende Studie darüber, welche Musik bei welchem Lebensthema helfen kann, liefert die *Musikalische Hausapotheke** von Prof. Dr. Christoph Rueger.

- *Positive Sinnlichkeit:* Sinn und Sinnlichkeit hängen miteinander zusammen. »Etwas für sich selbst zu tun«, ist für viele Menschen der Schlüssel zur Sinnfindung. Möglichkeiten, sich selbst etwas Gutes zu tun, sind u. a.: das Zusammensein mit Menschen, die einen so lieben, »wie man ist«; der Besuch eines guten spirituellen Seminars; seelische Berührung; erfüllende Sexualität; familiärer Zusammenhalt (etwas mit der Familie unternehmen); Aufgehen in der Natur (Waldspaziergänge, Spaziergänge unter dem Sternenhimmel, Bergsteigen, Besuche am Meer); erfüllende Hobbys; ein gutes Buch lesen; Meditieren; Fitness; Sauna.
- *Positives Verstehen:* Verstehen (Logik) und Begreifen (Sinnfinden) gehen oftmals Hand in Hand. Untersuchungen haben gezeigt, dass Kinder, die verstehen, warum sie eine ganz bestimmte Arbeit machen oder

* Christoph Rueger und Thilo Koch (Hg.): *Die musikalische Hausapotheke für jedwede Lebens- und Stimmungslage von A bis Z*, München 1995.

einen ganz bestimmten Unterrichtsstoff lernen sollen, wesentlich lerneifriger und fleißiger sind als Kinder, die den Sinn ihrer Pflichten nicht verstanden.

- *Positive Werte:* Statistisch gesehen, finden nur 19 % der Sinnsucher in der Religion einen Sinn. Jedoch geben 46 % der Sinnsucher an, dass Werte wie Nächstenliebe, Menschenwürde etc. ihr Leben mit Sinn erfüllen. Fragen Sie sich doch einmal: »Was sind meine Werte?«
- *Positive Ziele:* Finden Sie Ziele, die Sinn machen, für die es sich also lohnt, sich einzusetzen. Indem Sie sich Tag für Tag ein wenig auf diese Ziele hinbewegen, und wenn es nur ganz wenig ist, erleben Sie eine Ausrichtung Ihres Bewusstseins. Sie erfahren Ihren Tagesablauf als gerichteter. Hierbei ist es gar nicht wichtig, ob das Ziel letztendlich erreicht wird. Viel wichtiger ist es, dass Sie auf dem Weg bleiben und all die unerwarteten Förderungen und Hindernisse als Bestandteil des Weges annehmen und dabei stets Ihr Bestes geben.
- *Positive Zusammenhänge:* Auch das Verstehen von nicht offensichtlichen Zusammenhängen kann der Sinnstiftung dienen. Wir erkennen möglicherweise auf unserem Weg unser Eingebettetsein in eine wunderbare göttliche Ordnung. Die einzelnen Fragmente unseres Lebens (»Warum ist mir all das passiert?«) fügen sich in einen geordneten Rahmen, man wird wieder eins mit sich selbst, sobald man die Lebenszusammenhänge begreift. Drei Faktoren sollen hier genannt werden, die diesem Begreifen dienlich sein können:

1. *holistisches Denken*, wie es beispielsweise in der Quantenpsychologie von Stephen Wolinsky gelernt wird;
2. eine *Psychotherapie/Supervision* bei einem kundigen Therapeuten;
3. und last, not least: das *Puzzle*! Ja, viele Menschen puzzeln abends. Man darf den positiven Effekt des spielerischen Elements nicht unterschätzen: Indem Sie die Einzelteile zusammenfügen, verbinden sich in Ihrem Gehirn die singulären, scheinbar zusammenhanglosen Fragmente zu einem ganzheitlichen Bild – was sich auf das allgemeine Lebensgefühl des Sinnhaften überträgt…

Was ist der Sinn Ihres Lebens?

Kommen wir nun zu Ihnen persönlich: Sehen Sie einen Sinn in Ihrem Leben und sind Sie mit Ihrem Dasein zufrieden? Freuen Sie sich morgens beim Aufwachen auf den Tag, der vor Ihnen liegt? Wenn Sie diese Fragen mit einem »strahlenden« Ja beantworten, dann gratuliere ich Ihnen: Sie wissen, worum es geht, und haben die besten Voraussetzungen dazu, Ihren individuellen Lebensplan zu erfüllen!

Sollten Sie jedoch zu den Lesern gehören, die immer wieder eine innere Unruhe und Unzufriedenheit im Leben verspüren, die mit den äußeren Umständen vielleicht nur indirekt zusammenhängen, dann bitte ich Sie, beim Lesen der folgenden Zeilen auf Ihre innere Stimme zu hören, die vielleicht nur ganz leise vernehmbar ist. Sie erinnert Sie möglicherweise daran, in Ihrem Leben Sinn zu finden bzw. Ihrem Leben Sinn zu geben.

Neben den äußeren und praktischen Sinngebungen, für die in den vorangegangenen Kapiteln konkrete Beispiele aufgezeigt wurden, möchte ich Ihnen quasi als »Topic«, als Thema, eine allgemeine Sinnstiftung anbieten, die Sie durch alle Lebensphasen tragen kann. Es handelt sich hierbei natürlich um meine ganz eigene Sicht der Dinge, sie hat allerdings schon Tausenden meiner Klienten und Seminarteilnehmer geholfen.

Aus meiner Sicht ist es der eigentliche Sinn des Lebens, die Vollkommenheit seines wahren Selbst immer vollkommener zum Ausdruck zu bringen, »selbst-bewusst« zu leben, die Fülle des Lebens durch sich fließen zu lassen und so den Augenblick und damit sich selbst zu erfüllen. Indem ich mich »ent-wickle«, d.h. »das auswickle, was in mir steckt«, kann ich mich »ent-falten«, also »wie ein Falter das Gefängnis der Gegebenheiten (den Kokon der Raupe) übersteigen«; und dies führt dann zu meiner »Er-füllung«, dem »Ausgefülltsein meines Bewusstseins von meinem wahren Selbst«. Sinnerfüllung finden Sie also aus meiner Sicht heraus nur dann, wenn Sie unverfälscht Ihr wahres Selbst leben. Dies schaut bei jedem Menschen bekanntermaßen ein wenig anders aus. Zum Sinn des Lebens gehört es aus meinem Weltbild heraus ganz klar, ein »erfülltes« Leben zu leben. Und dies bedeutet, in der Fülle Ihres Selbst zu leben.

Wir nutzen die Chance, die uns das Leben bietet, nur dann optimal, wenn wir jeden Augenblick (mit unserem Selbst) erfüllen. Dies bedeutet:

- ganz *bewusst* zu sein,
- wahrzunehmen, was *jetzt* ist,

- die *Aufgabe* zu erkennen, die uns das Leben jetzt stellt,
- die *Chance* anzunehmen, die es uns gerade in diesem Augenblick bietet, und
- das in dem jeweiligen Lebensumstand verpackte *Geschenk des Lebens* an uns zu erkennen, auch wenn die Umstände vordergründig als widrig erscheinen.

Wohl alle Menschen fragen sich, wieso es Leid, Krankheit, Probleme, Kriege, Umweltverschmutzung, Brutalität, Aggression, Verbrechen, Bosheit, Hass, Tod, Neid, Mord, Diebstahl, Elend, Trauer, Ärger gibt. Warum geschieht so etwas? Soll das einen Sinn haben? Oder handelt es sich doch um lauter Zufallsprodukte? Sind das Fragen, auf die es keine Antwort gibt? Nein!

In Wahrheit gibt es keine sinnlosen Fragen – nur Klarheit und die »Ein-sicht«, die entsteht, wenn wir bereit und in der Lage sind, »hinter jedem und allem, was uns geschieht, das Eine zu sehen«, d.h. *den Einen,* Gott, das Selbst, wie immer Sie diese Kraft bezeichnen. Alles, was uns belastet, geschieht, damit wir beginnen, zu fragen und zu suchen, und zwar so lange, bis wir eine »zufrieden stellende« Antwort erhalten, also eine solche, die uns zu innerem und äußerem »Frieden« führt, bis wir uns und die Dinge bewusst erkennen und entwickeln, denn:

> »...wer da sucht, der findet; und wer da anklopft, dem wird aufgetan!«*

* Luk. 11, 10.

Unsere eigene Auseinandersetzung mit dem Leben bringt uns die sinnstiftende innere und äußere Erkenntnis. Geld, Besitz, Macht, Anerkennung, unsere Familie, unsere Freunde, all dies werden wir hier spätestens beim Tod zurücklassen. Das Einzige, was wir mitnehmen können, sind unsere Erkenntnisse sowie das Potenzial an Liebe und Weisheit, das wir verwirklicht haben. Unsere Erkenntnisse und die daraus destillierte Liebe und Weisheit, dies ist es, was uns nach dem längsten Leben bleibt.

Zum individuellen Sinn des Lebens gehört es, die Aufgabe des eigenen Lebens zu erkennen und zu erfüllen. Sie sind mit einer ganz bestimmten Absicht in dieses Leben gekommen. Dafür sind Sie optimal vorbereitet und haben alles an Voraussetzungen mitgebracht, was Sie dazu benötigen. Wenn es Ihnen gelingt, im Alltag wahrzunehmen, was das Leben von Ihnen will, anstatt immer nur zu fragen, was Sie vom Leben wollen, kommen Sie Ihrer inneren Führung und damit Ihrer Hauptaufgabe näher. Sie erkennen Ihre Aufgabe, Ihren Weg und Ihr Ziel. Sie nehmen sie an und erfüllen sie. Dies ist gemeint mit der Aussage: »Ich selbst bin in meinem Leben meine Hauptaufgabe.«

Es gibt einen weiteren Weg, dem eigenen Lebenssinn auf die Spur zu kommen, und zwar über Fragebogen und Tests. Zu einer solchen sinnstiftenden Bestandsaufnahme gehört auch die genaue Analyse Ihrer Mitgift, Ihrer Talente und Gaben. Gaben sind verkleidete Aufgaben.

Nehmen wir hierfür einmal die Allegorie einer (Lebens)reise: Angenommen, Sie hätten eine Urlaubsreise (»ein Leben«) angetreten, wüssten aber aus welchem Grund auch immer nicht mehr, wohin die Reise gehen soll. Hier könnte Ihnen Ihr Gepäck (»Ihre ›Auf-gaben‹«) wertvolle Hinweise dafür liefern, wie Sie in Ihrer (Lebens)orientierung navigieren sollten. Befinden sich dort ein Pickel und Bergsteigerschuhe, ist es unwahrscheinlich, dass Ihre Reise zum Tauchen nach Mauritius geht. Die Aufgabe einer solchen Lebensreise ist es offenbar, einen Berg zu ersteigen. So wie Sie als Reisender von Ihrem Gepäck auf Ihre Urlaubsabsicht schließen können, so können Sie auf der Reise, die wir »ein Leben« nennen, durch einen Blick auf Ihr »geistiges Gepäck« (Gaben, Talente, aber auch Probleme und Herausforderungen) auf Ihre Lebensabsicht, -erfüllung und -aufgabe schließen. Zusätzlich kann die Konsultation eines guten Lebensberaters oder Life Purpose Coaches die erforderliche Klarheit schaffen.

Zum Sinn des Lebens gehört es auch, die Verantwortung für das eigene Dasein selbst zu übernehmen. Denn wenn nicht Sie die Verantwortung für Ihr Leben übernehmen, wer dann? Ihr Partner, Ihre Eltern, ein religiöser Führer oder Guru oder gar Gott? Es gilt, sorgsam zu unterscheiden, für was in Ihrem Leben Sie selbst verantwortlich sind, was die Verantwortung eines anderen ist und was letztlich Gottes Angelegenheiten sind.

Die amerikanische Lebensberaterin Byron Katie, die ihr System »The Work« in vielen Ländern auf Vortragsreisen und in Seminaren vermittelt, schreibt in einem ihrer Bücher, es gebe drei Sorten von Angelegenheiten: meine Angelegenheiten, deine Angelegenheiten und

Gottes Angelegenheiten! Schwierigkeiten entstehen nur, wenn wir uns in die Angelegenheiten anderer oder die Angelegenheiten Gottes einmischen, statt uns um unsere eigenen Angelegenheiten zu kümmern! Übernehmen Sie jetzt die Verantwortung für Ihre *eigenen* Angelegenheiten!

Zum Sinn des Lebens gehört auch, zu lernen, um zu lehren. Der Fortgeschrittene lernt vom Höheren und wird gleichzeitig zum Lehrer eines weniger Fortgeschrittenen. So ist jeder stets Schüler und Meister zugleich. Daher ist es schön, lange zu leben, damit die Zeitspanne für den eigentlichen Fortschritt möglichst groß ist. Achtsamkeit ist erforderlich, damit ich diese Zeit, so gut ich kann, nutze.

Unser Auftrag ist es, vom Haben über das Sein zu *seinem* (Gottes) Willen zu finden. Vom Instinkt über das Ego zum *wahren* Selbst (Gott). Denn wer nicht an sich selbst arbeitet, an dem »wird gearbeitet«, d.h., den konfrontiert das Schicksal immer wieder mit denselben Problemen. Und wer dauernd Unüberhörbares überhört und Unübersehbares übersieht, der darf sich nicht wundern, wenn ihm eines Tages »Hören und Sehen vergeht«! Deshalb gilt es, die »inneren Sinne« zu schärfen, damit wir erkennen, was das Leben uns in seiner Sprache sagen will. Dies ist unmittelbare Voraussetzung zur Lebensverwirklichung.

Sie sind hier, um Ihr wahres Selbst zum Ausdruck zu bringen, um »die *eine* Kraft« in sich und allem zu erkennen. Um in der Freiheit Ihres Selbst zu leben. Frei zu sein ohne Belastungen, ohne entwicklungshemmende

Grenzen zu leben, bedeutet u. a. auch, die Dinge fließen zu lassen, nichts krampfhaft festhalten zu wollen. Sie erkennen Ihr wahres Selbst und lassen die Vollkommenheit Ihres wahren Selbst durch sich wirken.

Ein Wort, das in diesem Zusammenhang leicht missverstanden wird, ist »Selbstbeherrschung«. Es bedeutet nicht »Strenge«, sondern die »Gabe, Ihrem wahren Selbst die Herrschaft über Ihr Tun und Sein zu übergeben«. So verwirklichen Sie Selbstbeherrschung!

Sie entwickeln sich, damit sich Ihr wahres Selbst entfalten kann, und Ihr Leben spiegelt dann Ihr Sein wider. So bringen Sie die Vollkommenheit Ihres wahren Selbst immer vollkommener zum Ausdruck und gelangen mit dem Leben, der Schöpfung in Harmonie.

Sinn des Lebens ist es auch, den Tod als dessen Krönung zu erfahren. Viele Traditionen empfehlen, den Tod schon zu Lebzeiten als weisen Ratgeber zu sehen. Deshalb prüfen Sie immer wieder einmal, ob Sie auf die letzte Herausforderung des Lebens wirklich vorbereitet sind. Tun Sie, was zu tun ist, aber lassen Sie all das los, woran Sie noch innerlich gebunden sind: Familie, Besitz, Prestige, Emotionen, feste Denkmuster usw. Loslassen bedeutet nicht, sich von all diesen Dingen äußerlich zu distanzieren, sondern lediglich die Bindung aufzulösen, sich an dem Guten zu erfreuen, solange es da ist – und frei zu sein. Den Tod als Krönung des Lebens erkennend, gehen Sie gelassen durchs Leben und sind bereit, den Augenblick zu erfüllen und in jeder Minute zu gehen. So gehören zum Sinn des Lebens:

- den *Augenblick* erfüllen,
- *Erkenntnisse* sammeln,
- die *eigene Aufgabe* erkennen und leben,
- *Selbstverwirklichung,*
- *Selbstbeherrschung* in dem hier beschriebenen Sinne,
- mit der Unvollkommenheit der Welt *so vollkommen wie möglich* umgehen,
- *Hilfe für Mitmenschen* und Schöpfung sein, wo Sie dazu vom Schicksal aufgefordert werden,
- den *Tod als Krönung des Lebens* zu erkennen und zu ehren (jederzeit bereit sein zu gehen).

Sinnfindung – Gedanken zur Kontemplation

Von Klaus Jürgen Becker

»Ich sorge für eine entspannte Situation und mache mir dabei die folgenden Gedanken bewusst: Ich weiß, dass das Außen ein Spiegelbild des Innen ist und ich dieses Außen nur in dem Maße verändern kann, wie ich das Innen verändere. Bin ich in mir in Harmonie, muss sich diese Harmonie auch in meinen Lebensumständen verwirklichen. Daher nehme ich die Menschen so an, wie sie sind. Ich erkenne, dass jeder Mensch das Recht hat, so zu sein, wie er nun einmal ist, und sich dann ändert, wenn er selbst dazu bereit ist. Zuerst muss ich die Harmonie in mir selbst finden, bevor sie sich in meinen Lebensumständen als mein Schicksal manifestieren kann. So ändere ich mein Leben, indem ich mich ändere. Ich weiß, der Weise erwartet nichts von den anderen, nur von sich selbst. So lasse ich die Erwartungen an die anderen bewusst los und gestalte mein Leben selbst.

Ich bin frei und bereit, die Verantwortung für mein Leben selbst zu übernehmen. So achte ich bewusst stets darauf, die richtigen Ursachen zu setzen, damit in meinem Leben nur erwünschte Wirkungen in Erscheinung treten können. Durch regelmäßige Zeiten der Selbstbesinnung erreiche ich und vertiefe ich den Kontakt zu meinem wahren Selbst und lebe so in wahrer Selbsterkenntnis und Selbstsicherheit. Besonnen handle ich mehr und mehr aus der Vollkommenheit meines wahren Selbst.

Ich erkenne, dass ich getragen bin von der Harmonie der Schöpfung, dass ich selbst ein Teil der allumfassenden Ordnung und Harmonie bin. Das gibt mir ein starkes Gefühl der Sicherheit und Geborgenheit, das ich ausstrahle, und so helfe ich auch anderen, die Harmonie ihres Seins zu erkennen. Ich lebe nach meiner inneren Stimme, treffe so Entscheidungen und erkenne meine innere Wahrheit. Ich erkenne und verwirkliche mich selbst und führe ein erfülltes Leben in Harmonie und Zufriedenheit. Ich lebe in Freiheit und Harmonie mit mir selbst und meinen Mitmenschen, bin sicher und geborgen in der allumfassenden Ordnung. Ich erkenne mich selbst an, akzeptiere mich, wie ich gerade bin. Bewusst gestalte ich mein Leben so, dass ich aus allen Erfahrungen lerne.«

Wenn du fragst, wo dein Platz in dieser Welt sei,
dann lass dich fragen:
»Wer hat Platz in deinem Herzen?«
Wenn du fragst:
»Wo finde ich Liebe?«, schlage ich vor:
»Sei Liebe!«
Nach Detlev Bölter

Die geistigen Gesetze

Seit alters sucht der Mensch die Natur- bzw. Lebensgesetze zu verstehen und anzuwenden. Aus ebenjenem Bestreben leitet sich schließlich seine Dominanz auf diesem Planeten ab. Ein ganz entscheidender Schritt geschah, als der Ackerbau entdeckt wurde, das Gesetz des »Säens und Erntens«. Im Laufe der Jahrtausende verfeinerte der Mensch sein Wissen über die Naturgesetze. Er beobachtete etwa den Weg der Gestirne und konnte daraus beispielsweise die Nilschwemme voraussagen, was wesentlich zur Entwicklung einer der frühen Hochkulturen beitrug.

Wir haben in der Neuzeit rasante Fortschritte auf der Ebene der naturwissenschaftlichen Gesetze gemacht. Es gibt jedoch einen Bereich der Naturgesetze, der ebenfalls schon seit Ewigkeiten gilt und der in Kulturen längst vergangener Zeiten erkannt wurde, in dem aber auch noch heute viele Menschen Analphabeten sind – der Bereich der geistigen Gesetze.

In meinem Buch *Die geistigen Gesetze** habe ich die Prämissen für das »Gelingen« eines Lebens nach eben-

* Kurt Tepperwein: *Die geistigen Gesetze*, München 2002.

jenen Gesetzmäßigkeiten aufgezeigt. Doch die Kenntnis allein genügt nicht, wir müssen das Notwendige auch *tun*. Um es anhand eines profanen Beispiels zu illustrieren: Es langt nicht, zu *wissen*, dass man vor einer roten Ampel stehen bleiben soll – wenn man das Signal bewusst missachtet und nicht nach links und rechts schaut, würde man wahrscheinlich mit derselben Wahrscheinlichkeit in einen Unfall verwickelt werden wie jemand, der nie etwas von der Funktionsweise und Bedeutung von Ampeln gehört hat…

Mit jedem Schritt in unserem Leben haben wir die Chance, ein geistiges Gesetz zu erfahren. Habe ich eine Aufgabe, ein Problem gelöst, komme ich zur nächsten Möglichkeit, in der ich wieder einen Schritt vorwärts tun kann. Das ganze Dasein ist eine Offenbarung geistiger Gesetze. Wenn wir bewusst leben und genau betrachten, welche unserer Handlungen welche Ergebnisse zur Folge hatten, erkennen wir immer frühzeitiger, welche Botschaft der »Lehrer Leben« gerade für uns hat. Wir sind dann mehr und mehr dazu bereit, unsere Vorstellungen davon, wie das Leben *zu sein hätte*, loszulassen und es so zu entdecken, wie es *»wirklich funktioniert«*.

Die wenigsten von uns sind dazu in der Lage, diese Zusammenhänge von vornherein zu erkennen; so effektiv es auch wäre, ist es also ganz »normal«, wenn das Studium der geistigen Gesetze anlässlich einer Erinnerung an das stattfindet, was bereits geschehen ist: Die meisten kommen erst nach einer oder mehreren »Fehlleistungen« oder vermeintlichen Schicksalsschlägen zu Eingebungen wie etwa: »Aha, jetzt erkenne ich, jetzt fühle ich, jetzt erfasse ich, was *ich* da veranstaltet habe.« Aus der Retrospektive kann dann die »not-wendige« Läuterung und Änderung der Einstellung stattfinden, die eine praktische Umsetzung der Kenntnis der geistigen Gesetze erst möglich macht.

Die geistigen Gesetze dienen als unterschiedliche Pfade zu der Erkenntnis der durch uns alle wirkenden *einen* Kraft des *einen* Meisters, der viele Gesichter haben mag. Deshalb müssen Sie sich nicht auf alle Gesetze gleichzeitig konzentrieren, obwohl natürlich alle gleichzeitig gelten. Wenn Sie sich vornehmlich mit einem oder zweien beschäftigen und bewusst nach ihnen leben, werden Sie nach einem guten Stück der Wegstrecke, gleich, welchen Pfad Sie gehen, alle Gesetze gleichzeitig verkörpern. So wie es in einer buddhistischen Schrift heißt: »Und alle zehntausend Dharmatore öffneten sich gleichzeitig!«

Es ist auch wichtig, zu erkennen, dass alle Wege »gleichwertig« sind. Wenn man das »Gesetz der Fülle« als Lebensmaxime gewählt hat, dann braucht man nicht herabschauen auf jemanden, der vielleicht den Weg der Liebe oder den Weg der Demut gewählt hat. Victor Hugo sagte einmal, ihm sei auf der Straße ein sehr armer junger Mann begegnet, der verliebt war; sein Hut war alt, sein Mantel abgetragen, Wasser rann durch seine Schuhe – aber Sterne zogen durch seine Seele.

Es gibt darüber hinaus einen Unterschied zwischen dem, was für die Seele Verwirklichung bedeutet, und dem, was der berechnende Verstand darunter versteht. Eine reale Begebenheit soll dies verdeutlichen: Ich kannte einen ziemlich arroganten jungen Mann, den ich hier einmal Peter nennen möchte. Er war Anlageberater und wollte das große Geld machen. Weil zu dieser Zeit der Handel mit IOS-Aktien sehr gute Provisionen abwarf, ging er auf seinen Vater zu, einen reichen Kaufmann, mit der Absicht, ihm diese Aktien zu verkaufen. Der Vater wehrte sich dagegen, er sah in den Aktien ein großes Risiko. Peter manipulierte und nötigte den Vater, sodass dieser unter dem Druck, die Liebe seines Sohnes zu verlieren, schließlich sein ganzes Vermögen in die Aktien investierte. Wenig später starb der Vater, die IOS-Aktienkurse fielen ins Bodenlose, und die Ehefrau des Vaters, Mutter von Peter, musste am Ende Sozialhilfe beantragen.

Jahrzehnte später, er hatte längst eine eigene Familie, fühlte Peter sich genötigt, von einem alten Schulfreund brasilianische Anleihen zu kaufen, und zwar ebenfalls für sein ganzes Vermögen. Auch hier fielen die Aktien in den Keller, Peters Familie verarmte, aber Peters Sohn, mittlerweile ein gut verdienender »Yuppie«, unverheiratet und erfolgreich, kümmerte sich um Peter und ermöglichte ihm ein erträgliches Leben. Peter, bis zu seinem eigenen Untergang arrogant und berechnend, wurde in die Demut gezwungen. Er schämte sich seiner vergangenen Taten. Zugleich verbesserte sich das Verhältnis von Peter zu seinem Sohn: Hatte er bisher sehr viel an seinem Sohn herumkritisiert, entwickelte sich zwischen diesen beiden so etwas wie – ja, Liebe.

Dies ist eine von vielen Geschichten, die das Leben schreibt und die tagtäglich in meine Beratungspraxis getragen werden. Je nachdem, unter welchem Gesichtspunkt wir dieses Schicksal betrachten, können wir darin ein gewaltiges Drama oder eine große Gnade sehen. Zuerst einmal ist es schrecklich: Zwei Generationen haben ihr gesamtes Hab und Gut verloren, und Peters Sohn kann (bzw. möchte) das Geld, das er verdient, nicht anlegen, sondern er gibt es aus für seine verarmten Eltern, obwohl er sicherlich als junger Mensch auch den einen oder anderen Wunsch nach Luxus hätte. Aus dem Gesetz der Fülle – das von den Betreffenden allerdings völlig falsch verstanden und umgesetzt wurde – heraus betrachtet, ist das, was geschehen ist, eine Katastrophe: Die Probleme wurden von Generation zu Generation weitergetragen.

Nach dem Gesetz von Ursache und Wirkung ist das, was geschehen ist, absolut logisch: Peter hat seinen Vater abgezockt und er wurde selbst übers Ohr gehauen. Nach dem Gesetz der Evolution sieht die Sache schon sehr viel hoffnungsvoller aus: Der Jüngste verändert das Muster. Er zieht nicht mehr seinem Vater das Geld aus der Tasche, sondern ernährt ihn. Das Familienmuster wurde positiv geändert.

Aus Sicht der Seele und auch aus dem Gesetz der Liebe heraus ist das, was geschehen ist, eine große Gnade. Denn wenn Peter eines Tages stirbt oder sein Sohn, ist es auf einmal völlig bedeutungslos, wie arm oder reich er war. Peter stirbt als jemand, der tiefe Läuterung erfahren hat auf seinem – wenn auch schmerzhaften – Weg. Und Peters Sohn hat eine großartige Chance genutzt, Liebe zu zeigen und Fürsorge zu entwickeln.

Wenn ich also einen Menschen berate, nach welchen Werten er sein Leben ausrichten soll, dann schaue ich mir natürlich seinen bisherigen Weg an. Ich sehe mir an, welches Gesetz bei ihm vornehmlich funktioniert hat, nach welchem er offensichtlich »angetreten« ist. Jemand, der sich aufgemacht hat, ein »Nathan, der Weise« oder ein »Siddharta« zu werden, braucht ganz andere Lebenslektionen als jemand, der in sich die Berufung spürt, CEO eines Konzerns zu werden. Verwirklichen bedeutet in dem Sinne nicht das verstandesmäßig-berechnende Festhalten an und Befolgen von gesellschaftlichen Erfolgsnormen, sondern das Erkennen dessen, was Erfolg für einen selbst, die eigene Seele, wirklich bedeutet, diesen Weg zu gehen und – wenn es die Gesellschaft schon nicht tut – sich selbst die Achtung für diesen Pfad entgegenzubringen.

»Der Unterschied zwischen dem Ego
und der Seele ist ganz einfach:
Das Ego will Dünkel,
die Seele will Fortschritt.«
Sri Chinmoy

Nachfolgend sollen einige dieser Gesetze vorgestellt werden, wobei keines losgelöst vom anderen gelebt werden kann. Auch sind die Übergänge fließend: Das Gesetz von Ursache und Wirkung hängt eng zusammen mit dem Gesetz von Karma und Dharma. Letztendlich münden sie alle in dem *einen* Gesetz: Wer zum Gesetz »geworden« ist, hat *alle* Gesetze auf seiner Seite, dies nicht als angelesenes Wissen, sondern er ist intrinsisch motiviert – weil er nicht anders kann, weil er nichts anderes ist als die Verkörperung des *einen* Gesetzes, nach dem wir alle in individuell unterschiedlich gestalteten Kleidern angetreten sind.

Das Gesetz von Ursache und Wirkung

Das Gesetz von Ursache und Wirkung bietet uns die Chance, uns innerhalb der Zeit erfolgreich zu bewegen, sie zu nutzen und zu lenken. Bereits die Bibel weist darauf hin: »Solange die Erde steht, soll nicht aufhören Saat und Ernte…«* Oder: »…denn was der Mensch sät, das wird er ernten.«** Alles, was wir im Leben tun, sprechen, denken, ist wie ein Samenkorn. So wie Weizensamen Weizenpflanzen hervorbringen und »Unkraut«samen »Unkraut« sprießen lassen, bringt Liebe die Liebe hervor und Hass den Hass. Es spielt keine Rolle, ob wir das Ergebnis mögen oder nicht, ob wir uns unserer Samen bewusst sind oder nicht. Der Acker hat keine Macht, egal, wie groß er ist. Das Samenkorn, egal, wie klein es auch sein mag, hat die Macht über das, was der Acker hervorbringt. Der Acker kann keine Rüben hervorbringen, wenn der Bauer Weizensamen gesät hat.

Und wer hat die Herrschaft über den Samen? Der Sämann, wir selbst, und zwar durch unsere Entscheidungen, die wir täglich, stündlich, minütlich treffen. Aber unter welcher Herrschaft steht der Sämann? Irgendeinen »Chef« haben wir immer, aber wir entscheiden,

* 1. Mose 8, 22.
** Gal. 6, 7.

ob dieser Chef die Gier ist oder die Liebe, die Beziehung zu Gott oder die Unbewusstheit, eine hohe Ethik oder die Nachlässigkeit. Im Idealfall wird der Sämann von hoher Bewusstheit gesteuert. Da er auf eine gute Ernte angewiesen ist, hat er eigentlich gar keine andere Wahl, als im Laufe der Zeit, oftmals nach vielen Leiden, seine Gedanken, Taten und Handlungen stets einer derartigen Stimmigkeitsprüfung zu unterziehen.

Ein weiser Mensch hat einmal gesagt, die Zeit sei eine Art Lernschleife, eine Verlangsamung des Seins, in der wir uns bewegen, damit wir, ähnlich wie in einem Sprachlernlabor, die gleichen Fehler wieder und wieder machen können, bis wir unsere Fehleinstellungen (und Eigenwilligkeiten) korrigiert haben.

Übung: Fahrkarte für die Zukunft

Nehmen Sie einmal einen Tag lang immer wieder Ihre Gedanken, Worte, Taten, Einstellungen bewusst wahr. Überlegen Sie: Wenn diese Worte, Gedanken, Taten, Einstellungen Fahrkarten wären in die Zukunft, wohin würden Sie reisen?
Was immer Sie tun, denken, handeln, beachten Sie das Ganze.

Das Gesetz der Harmonie

Das Gesetz der Harmonie ist eigentlich das geistige Grundgesetz, das alle Planeten, Menschen, Tiere bewegt – eben das gesamte Universum. Es gleicht die verschiedenartigen Wirkungen aus und sorgt so dafür, dass die Harmonie des Gesamten stets erhalten bleibt oder doch so schnell wie möglich wiederhergestellt wird. Aus ihm lassen sich alle anderen Gesetze ableiten, sie sind in ihm enthalten.

Übung: Singen

Singen Sie doch einmal in einem Chor mit oder hören Sie sich Chorgesang an. Beachten Sie, wie jede(r) Sänger(in) versucht, genau die Melodie zu treffen, die seiner/ihrer Stimme in der Partitur entspricht.

Das Gesetz der Harmonie geht über das Gesetz von Ursache und Wirkung hinaus: Es wirkt auch jenseits der linearen Zeit. Das Gesetz der Harmonie zu leben bedeutet, alles zu unterlassen, was die Harmonie des Kosmos und der Organismen stören würde. Sobald ich selbst kein Problem mehr für die Harmonie darstelle, also »in Harmonie bin«, bin ich auch frei von Schicksal. Denn Schicksal, das auf mich zukommt, betrachte ich ja als nichts anderes als die Rückwirkung einer Unstimmigkeit, die ich abfangen muss. Achte ich stets auf

»Stimmigkeit«, erfahre ich das Lebensspiel und wie alles harmonisch mit allem verbunden ist, durch die tägliche Synchronisation, durch die »Zufälle«, die ich als »Fügungen« erfahre. Ich lebe nicht mehr aus dem Machbarkeitswahn heraus, sondern aus der Fügung in dem Sinne, dass ich mich in das Ganze einfüge, darin meinen Part erfülle.

Übung: In Harmonie mit sich und anderen

Achten Sie heute einmal darauf, wo Sie mit sich oder Ihren Mitmenschen nicht in Harmonie sind. Korrigieren Sie Ihr Verhalten, sodass Sie in die Stimmigkeit kommen. Ist dies im Außen nicht möglich, gehen Sie kurz in die Stille und nehmen Sie wahr, wie Sie sich gedanklich stimmig verhalten, wie Sie mit der betreffenden Situation in Harmonie kommen.

Wenn ich mir bewusst bin, dass die ganze Schöpfung eine einzige Harmonie ist, entwickle ich ein immer korrekteres Stimmigkeitsgefühl. Ich achte bereits auf die zartesten Schubser vom Leben und vermeide so die harten Rempler.

Das Gesetz von Karma und Dharma

Das Wort »Karma« kommt aus dem Sanskrit und bedeutet »die Tat, das Geschaffene«. Die ungarische Journalistin, Autorin und Regisseurin Mária Szepes sagte einmal, die Bluthunde des Karma legten einem, egal, wie oft man sie wegwerfe, die eigenen Brocken so lange vor die Füße, bis man sie annehme. So ist jeder Mensch Schöpfer, Träger und Überwinder seines Schicksals. Jeder Gedanke, jedes Gefühl und jede Tat ist eine Ursache, der eine Wirkung folgt (s. a. »Das Gesetz von Ursache und Wirkung«). Jede Wirkung entspricht in Qualität und Quantität der Ursache. Es gibt daher keinen Zufall.

Es besteht jedoch die Möglichkeit, das Karma ganz abzuwenden oder wenigstens zu mindern. Es gibt viele Wege, mit seinem Karma umzugehen. Das Gesetz der Gnade bietet beispielsweise die Löschung von Karma an, Jesus Christus hat uns die Vergebung und die Reue als Erlösungsinstrument gebracht. Doch oftmals muss das Karma erst einmal in Erscheinung treten, bevor es abgearbeitet, umgewandelt oder gelöscht werden kann, weil wir gar nicht wissen, was wir alles »verbockt« haben. Aber auch hier gibt es drei Ausnahmen:

1. Indem ich *erkenne, wer ich wirklich bin,* mich also mit dem »Ich bin« identifiziere und nicht mit meiner nach außen gelebten Person, meiner Rolle, besteht die Möglichkeit, dass das Karma zurückgeht wie ein Brief, der nie beim Adressaten ankommt. Doch sobald ich wieder in die alten Gewohnheiten zurückfalle, taucht das Karma wieder auf.
2. *Meditation und Gebet:* Jede Handlung, jeder Gedanke, jedes Gefühl hinterlässt eine Spur in meinem Energiekörper, die magnetisch ganz bestimmte Umstände anzieht. Es ist, salopp formuliert, so, als trüge ich ein

T-Shirt, auf dem stünde: »Bitte verhauen«, und ich würde tatsächlich geschlagen. Oder: »Bitte mit Liebe behandeln«, und ich würde dann wirklich geliebt. Wenn ich nun bete oder meditiere, werden durch meine inneren Bewegungen, die das Gebet oder die Meditation schafft, diese Spuren gelöscht (im Gebet) oder ausgeglichen (in der Meditation). Mein Energiekörper verändert sich, ich bin für mein ursprüngliches Karma nicht mehr resonant.

3. *Leben aus dem Dharma:* Das Wort »Dharma« kommt ebenfalls aus dem Sanskrit und bedeutet wörtlich »Bestimmung; Pflichtbewusstsein, Rechtschaffenheit, Gesetz« u. a. Indem ich ganz dem Weg meines Inneren folge und dabei auf Eigenwilligkeit verzichte, orientiert sich mein Bewusstsein nicht mehr an den Spuren der Vergangenheit, sondern in der Gegenwart und in Richtung einer positive Zukunft. Menschen wie der evangelische Geistliche Dietrich Bonhoeffer (1906–1945), der wegen seines Widerstands gegen das NS-Regime im KZ Flossenbürg ermordet wurde, und der bereits zitierte Viktor E. Frankl sind Beispiele für Menschen, die durch das Leben ihrer Bestimmung von ihrem Karma frei geworden sein können. Ein direkter Weg hin zum eigenen Dharma findet sich in dem Gebet Jesu im Garten Gethsemane: »Vater … nicht mein, sondern dein Wille geschehe!«*

* Luk. 22, 42.

Das Gesetz der Resonanz

Das Wort »Resonanz«* kommt aus dem Lateinischen und bedeutet Folgendes:

- *Gleiches zieht Gleiches an*, und Gleiches verstärkt sich gegenseitig. Ich sollte darauf achten, mit wem ich mich umgebe, ich sollte mich, wie es im *I Ging* heißt, in Gemeinschaft mit »Edlen« bewegen, einfach ausgedrückt: »Sage mir, mit wem du umgehst, und ich sage dir, wer du bist.« Nun kann dies nicht jeder willentlich beeinflussen, man kommt vielleicht auch unfreiwillig in Situationen, in denen man schlechten Umgang hat, oder man merkt dies gar nicht. Erst wenn man erfahren hat, welchen Schaden dieser Umgang für die eigene Person bedeutet, wird man es aufgeben wollen, auf diesen Umgang resonant zu reagieren. Dem folgt in der Regel ein intensiver und vielleicht schmerzhafter Trennungs- und Entzugsprozess. Oftmals kann es hilfreich sein, das Ungute, zu dem es einen hinzieht, ganz bewusst wahrzunehmen und so der eigenen »Sucht« auf die Spur zu kommen. Ist das Geheimnis entlarvt, erübrigt sich die Suche nach dem Ungelösten. Hier braucht es also Selbsterforschung statt Moralismus.
- *Ungleiches stößt einander ab:* Dieses Gesetz können Sie nutzen, indem Sie zu dem, was Sie belastet oder was Sie nicht wollen, das Gegenteil intensivieren. Neh-

* Spätlat. *resonantia* = »Widerhall« zu lat. *resonare* = »widerhallen, -schallen«.

men wir hierfür ein Beispiel: Angenommen, Sie neigen zu Zornesausbrüchen, unter denen nicht nur Ihre Mitmenschen leiden, sondern die Sie auch selbst bedauern und negative Konsequenzen für Sie haben. Ein Gegenteil von Zorn ist Freundlichkeit, die Sie in solch einem Fall einmal bewusst intensivieren können. Damit ist hier nicht das »Freundlichtun« gemeint, sondern die wirkliche innere Bereitschaft, den Menschen, die Ihnen begegnen, »Freund zu sein«. Zu einer solchen Haltung zu kommen, ist nicht immer leicht, denn auf dem Weg kann einen so manch ein Missmut überfallen. Doch die Freundlichkeit ist nicht nur eine »Tugend«, sie ist auch eine Art »innerer Muskel«, der trainiert werden kann. Nicht durch ein »So tun, als ob«, sondern beispielsweise durch ein echtes »Heruntersteigen« zu allen Menschen, die Ihre Hilfe brauchen könnten. Indem Sie für Freundlichkeit resonant werden, verlieren Sie Ihre Resonanz für den Zorn. Ungleiches stößt halt einander ab.

- *Das Stärkere bestimmt das Schwächere* und gleicht es sich an: Dies ist der Grund, warum viele Erwachte einen Weg innerer Selbstdisziplin gehen und regelmäßig an ihren Kräften und Fähigkeiten arbeiten. Es reicht also nicht aus, »gut« zu sein, wir müssen auch stark werden, wenn wir das Gute in die Welt hineinbringen wollen.
- *Angst zieht an, was wir befürchten:* Die zwei Grundemotionen Liebe und Angst können nicht gleichzeitig existieren. Liebe und Angst zeigen auch zwei Wege auf, man muss sich für einen der beiden entschei-

den. Liebe, das ist der Weg der Courage, der Beherztheit; Angst, das ist der Weg der Enge, der Beklemmtheit.* Der Ängstliche überlässt den Umständen die Macht über sein Schicksal. Er weiß nicht, was er will, und ist stets in die Knie zu zwingen. Und genau das Schlimmste, was er befürchtet, wird in aller Regel dann auch tatsächlich eintreten, weil ebendies die stärkste »Ladung« in dem Betreffenden hat. Es kann auch sein, dass der Ängstliche anderen Angst macht. Der Weg der Angst lässt einen Menschen unfreier, kontrollierender und tyrannischer werden. Im Gegensatz dazu ist der »Weg der Liebe« ein Pfad der Überwindung von Angst. Auch hier wird all das in Erscheinung treten, was man befürchtet, aber man spürt dass man in sich die Kraft hat, es zu bewältigen und wird mit jeder Bewältigung stärker und freier.

- *Unser Verhalten bestimmt unsere Verhältnisse:* Wenn mir meine Verhältnisse nicht passen, so kann ich sie ändern. Dafür muss ich allerdings erkennen, wie *ich* zu diesen Verhältnissen beigetragen habe, inwieweit sie *meiner* Resonanz entsprechen und wie ich in eine Welt komme, in der so etwas stattfindet. Wenn ich beispielsweise Mutter einiger Kinder bin und darunter leide, dass diese sich ständig streiten, muss ich mir u.a. auch einmal anschauen, in welchen Verhältnissen ich mit meinem Partner lebe. Wenn ich dort in ausgesprochenem oder unausgesprochenem Unfrie-

* Der Begriff »Courage« ist abgeleitet von dem frz. Wort *cœur* (= »Herz«); lat. *angustiae* = »Enge, Klemme; Schwierigkeiten«.

den lebe, brauche ich mich nicht zu wundern, dass die Kinder dies nachmachen. Sobald ich in Frieden mit meinem Partner komme, bestehen auch größere Chancen, dass sich die Kinder untereinander versöhnen.

Wenn ich das Gesetz der Resonanz lebe, bedeutet dies auch, zu erkennen, wo ich meine »roten Knöpfe« habe, und an diesen zu arbeiten. Die roten Knöpfe sind Sinnbilder für problematische Themen, bei denen es in uns zugeht, wie wenn Klingeln im Dauerton schrill, heftig und unaufhörlich nerven, sobald jemand darauf drückt. Nachdem ich das jeweilige Thema *in mir* gelöst habe, wird höchstens ein liebevoller Wohlklang durch meine innere Wohnung klingen, wenn überhaupt.

Das Gesetz der Fülle

Die Fülle des Universums ist wie ein warmer, wohltätiger Regen, der ständig fließt, doch viele können ihn nicht in sich aufnehmen, weil sie ihr Gefäß verkehrt herum halten. Jeder kann von der Fülle nur in dem Maße empfangen, wie er selbst zum Kanal wird, durch den die Fülle fließt.

Übung: Ein Leben in Fülle

Achten Sie einmal in Ihrem Alltag darauf, wo Ihnen die Fülle begegnet. Ob es eine Fülle an Zeit ist oder eine Fülle an Ruhe, eine Fülle an Telefonaten oder an Lernchancen – heute machen Sie sich diese Fülle einmal bewusst und sind dankbar. Und Sie wissen, dass Sie diese Fülle auch in anderen Bereichen erleben können, z. B. auch als Fülle von Geld, wenn dies Ihr Wunsch ist. Die Natur ist verschwenderisch!

Zum Kanal werden Sie, indem Sie alle, auch unbewusste Gedanken an Mangel und Begrenzung auflösen. Wer *die Erkenntnis hat*, dem wird gegeben, wer aber die Lebenszusammenhänge nicht erkennt, wer »nicht weiß, was er tut«, dem wird genommen. Die Fülle ist übrigens immer da – doch der Mensch entscheidet durch sein Bewusstsein, ob er diese Fülle als eine »Fülle von Problemen« oder als eine »Fülle von Gelegenheiten« empfindet. Ich muss es aufgeben, »mich zu beschweren«. Als staunendes Kind kann ich die Fülle des Lebens vielleicht besser annehmen, erlöst von den Problemen, die mir meine Vorstellungen und Muster bereiten.

Das Gesetz der Gnade

Gnade ist der Geist Gottes, der durch den Menschen wirkt und ihn sicher führt und verwandelt – sobald er darum bittet. Sobald ich um Führung bitte, erhalte ich sie im Ausmaß meiner Bitte. Eine Wirkung des Gesetzes der Gnade ist das Recht des Menschen, jederzeit aus der Unwissenheit in das Licht der Erkenntnis zu treten, sein geistiges Erbe der Vollkommenheit anzunehmen.

Gnade ist, dass ich beten darf und immer erhört werde, *wenn ich Erfüllung nur zulasse.* Gnade ist auch, dass Gott immer wieder in Zeiten der Not *Christus* (erleuchtetes Bewusstsein) inkarnieren lässt. Gnade ist, dass wir der allumfassenden Liebe Gottes jederzeit und überall teilhaftig werden können, indem wir uns ihr zuwenden und uns ihr öffnen.

In der Gnade zu leben, bedeutet, offen und empfänglich zu sein. Es bedeutet nicht, sich von der äußeren Welt abzuwenden, sondern sie mit dem Geist Gottes zu erleuchten. Der Mensch aus sich vermag nichts, Gott im Menschen aber alles.

Manche glauben, dass Gnade im Widerspruch zum Gesetz des Schicksals stehe, nach der jede selbstgesetzte Ursache auch als Wirkung erfahren werden müsse. Dieses Gesetz wirkt absolut, das Wirken der Gnade aber bietet dem Menschen die Freiheit der Wahl: den königlichen Weg der Erkenntnis zu gehen oder den normalen von Krankheit und Leid. Beide Wege führen letztendlich zur »Ein-sicht« und machen den Menschen bereit für die Gnade.

Das Gesetz der Entsprechung

Das Gesetz der Entsprechung oder das Analogiegesetz (hermetisches Gesetz*) lautet: »Wie außen – so innen. Wie oben – so unten. Wie im Größten – so im Kleinsten.« Für alles, was ist, gibt es auf jeder Ebene des Seins eine Entsprechung. Dies bedeutet beispielsweise, dass Sie ein Thema, welches Sie unbewusst bewegt, auch im Außen bearbeiten können. Jede äußere Tätigkeit birgt in sich das Potenzial für eine seelische Entsprechung:

- Wenn ich meinen Keller aufräume, bereinige ich damit zugleich auch Ungeordnetes in meinem Unterbewusstsein, da der Keller diesem entspricht.
- Ordne ich meine Dachkammer, sortiere ich auch mein geistiges Oberstübchen.
- Empfinde ich aufrichtiges Mitgefühl mit einem armen Menschen, nehme ich auch meinen »inneren Notleider« in mein Herz.
- Versöhne ich mich mit meiner Mutter, schließe ich zugleich Freundschaft mit »Mutter Erde« und gewinne Urvertrauen.
- Bin ich zornig, weil mich der Ober übersehen hat, ist dies auch ein Zeichen dafür, dass ich mich selbst übersehen habe.
- Partnerschaftskonflikte weisen auf Schwierigkeiten

* Nach Hermes Trismegistos (gr. »der dreifach größte Hermes«), gr. Name des ägypt. Gottes der Weisheit, der Schrift und der Zahlen. Ihm wurden astrologische, magische, alchemistische u. a. Werke zugeschrieben; und er gilt als geistiger Vater der Alchemie.

in der Integration von Polaritäten, auf ein Problem mit der Dualität des Daseins hin.

- Jede Krankheit entspricht einem seelischen Mangel. Bereits im Volksmund finden wir Entsprechungen wie »Was ist dir denn über die Leber gelaufen?«, »Jemand spuckt Gift und Galle!« oder »Das kann ich nicht verdauen«.
- Jeder Lebensumstand entspricht einem innerseelischen Prozess; kein Lebensumstand tritt »zufällig« in Erscheinung.
- Auch die Homöopathie bedient sich der Entsprechungslehre: Indem ich ein Mittel nehme, das meinem seelischen Zustand entspricht, geht meine Gesundheit, meine Psyche, mein Eros, mein Lebensumstand in einen Prozess der Heilung.

Das Gesetz der Liebe

Liebe wandelt alles ins Positive. Ist etwas negativ, und Sie behandeln es mit einer liebevollen Einstellung, wird es durch Ihre Liebe verschwinden. Ist etwas gut, und Sie lieben es, wird es durch Ihre Liebe noch stärker werden. Wenn Sie also beispielsweise an Ihrer Beziehung leiden, beginnen Sie, diese in Liebe zu betrachten, statt überwiegend zornig oder frustriert zu sein. Ist die Beziehung schlecht für Sie, wird sie sich aller Wahrscheinlichkeit nach durch Ihre Liebe – zum Besten aller – auflösen, ist sie gut für Sie, werden sich ihre Bande festigen.

Ein Mystiker sagte einmal: »Gott ist Liebe. Und die Seele, die von Gott ist, besteht aus Liebe. Und der Weg zurück zu Gott führt ebenfalls über die Liebe.« Liebe ist der Schalter, der Negatives in Positives zu verwandeln vermag.

Die Liebe, die ich hier meine, ist bedingungslos, d.h., sie stellt keine Forderungen an den anderen. Sie sagt nicht: »Wenn du ideal bist, meine Vorstellungen erfüllst, werde ich dich lieben!« So etwas ist keine Liebe, sondern bestenfalls ein Kuhhandel. Die Liebe, die hier angesprochen ist, ist die Liebe für den anderen einfach »so, wie er ist«.

Paradoxerweise ist dies auch der einzig funktionierende Weg, seinen Partner zum Positiven hin zu ändern. Indem ich ihn liebe, wie er ist, fühlt er sich bedingungslos angenommen und wird von sich aus »ideal« – nach *seinem* Wertmaßstab natürlich, nicht nach meinem. Aber wir werden diese Veränderung mehr schätzen, als wenn er sich widerstrebend nach uns gerichtet hätte.

Wie Erich Fromm in seinem bekannten Buch *Die Kunst des Liebens** einleuchtend darstellt, ist Liebe keine Sache einer Person, sondern einer Fähigkeit. Lieben ist ein *aktives* Verb, eine Tätigkeit und das Gegenteil von »Paschatum«. Thaddeus Golas schreibt in seinem Werk *Der Erleuchtung ist es egal, wie du sie erlangst***, Lieben sei die Fähigkeit, mit einer andersartigen Energie in einem (demselben) Raum zu sein! Und je mehr Sie sich selbst lieben können, »wie Sie sind«, umso eher können Sie dem anderen auch seine Schrullen nachsehen. So kommen Sie von der Toleranz über die Akzeptanz zur Liebe.

* Vgl. Erich Fromm: *Die Kunst des Liebens*, Berlin 2005.

** Thaddeus Golas: *Der Erleuchtung ist es egal, wie du sie erlangst*, München 2003.

Übung: Liebe entwickeln

Denken Sie einmal an einen Menschen, zu dem Sie Liebe entwickeln möchten. Denken Sie zuerst an etwas, was Ihnen an diesem Menschen gefällt, was Ihnen sympathisch ist – und wenn es nur eine Kleinigkeit ist.
Und dann versuchen Sie einmal, sich in die Seele dieses Menschen hineinzufühlen. Spüren Sie die Schönheit seiner Seele.
Vollziehen Sie diese Übung immer wieder, bis zur nächsten Begegnung mit diesem Menschen – erwarten Sie ein Wunder…!

Das Gesetz des Segnens

Alles, was Sie *ehrlichen Herzens* segnen, ist dadurch tatsächlich gesegnet. Und: Alles, was Sie segnen, muss Ihnen nach den geistigen Gesetzen zum Segen werden. Sie können Ihre Vergangenheit segnen, Ihre Gesundheit, Ihren Partner, Ihren Beruf, Ihren Chef, Ihre Kinder, Ihren Nachbarn, Ihren Körper, Ihre Lebensumstände usw.

Wie aber sieht das Segnen in der Praxis aus? Es gibt viele Methoden des Segnens. Wichtig ist eigentlich nur, dass Sie sich dabei der höchsten Kraft bewusst sind und den Segen ehrlich meinen, mit ganzem Herzen dabei sind. Zwei Methoden des Segnens seien hier vorgestellt.

1. Setzen Sie sich in den Pharaonensitz mit nach oben geöffneten Händen: Die Füße stehen nebeneinander,

die Hände liegen auf den Beinen, die Wirbelsäule ist gerade. Sie sitzen auf der vorderen Stuhlkante. Dann sagen Sie: »Ich bitte den Segens-/Heilstrom zu fließen!« Spüren Sie, wie sich Ihr Energiefeld dadurch verändert. Das Spüren ist ein wichtiger Aspekt in der Verwirklichung Ihres Segens.
Dann sagen Sie: »Ich bitte um Segen für …!« Sehen Sie mit Ihrem geistigen Auge, wie die betreffende Sache oder Person von dem Segen erfüllt ist. Machen Sie sich aber keine Vorstellung davon, *was genau* geschehen soll. Erleben Sie einfach mit, wie sich der Segen vollzieht.
Wenn Sie einen spirituellen Lehrer, Heiligen, Meister o. Ä. haben, können Sie diesen im Geiste bitten, den Segen zu verstärken, indem Sie ein Bild bzw. eine Darstellung von ihm vor sich aufstellen (z. B. Jesus oder die Muttergottes).
2. Wieder gehen Sie in den Pharaonensitz. Diesmal aber machen Sie sich lediglich bewusst, wer Sie sind. Sie sind ein Bestandteil der *einen* Kraft, die wir auch »Gott« nennen. Im Bewusstsein dieser Ihrer »Ich-bin-Gegenwart« sagen Sie: »Ich segne …!« Erleben Sie auch hier, wie sich Ihr Segen vollzieht.

In beiden Fällen werden Sie spüren, wie lange der Segensstrom fließen möchte, damit der Segen vollzogen ist. Mit fortwährender Übung spüren Sie immer deutlicher, wann und in welchem Maße der Segen angenommen wurde – vom zu Segnenden, nicht von Gott, denn Gott gibt seinen Segen immer und in reichem Maß.

Das Gesetz des Dankens

Danken erzeugt wiederum Dankbarkeit – und eine Zukunft, für die zu danken Sie allen Grund haben werden.

Es gibt mehrere Möglichkeiten, nach dem Gesetz des Dankens zu leben, von denen ich Ihnen an dieser Stelle zwei vorstellen möchte:

1. Denken Sie einmal an einen Menschen, mit dem Sie eine enge Beziehung haben – die nicht unbedingt harmonisch sein muss. Notieren Sie, wofür Sie diesem Menschen dankbar sein können, selbst wenn es jemand ist, der Ihnen offensichtlich schaden wollte. Seien Sie dabei kreativ, d.h., kramen Sie alle Taten und Missetaten dieses Zeitgenossen aus Ihrem Erinnerungskästchen heraus, aus denen Sie etwas gelernt oder einen anderen Nutzen gezogen haben. Versuchen Sie, eine starke Dankbarkeit für diesen Menschen zu empfinden. Nach dem Gesetz des Dankens wird sich der Einfluss des Betreffenden auf Sie auch weiterhin positiv auswirken, vielleicht entwickelt er sogar Wohlwollen, selbst wenn er bisher Ihr ärgster Feind gewesen war.
2. Denken Sie an etwas, was Sie gern hätten, z.B. Gesundheit, eine funktionierende Beziehung oder was auch immer. Dann begeben Sie sich gedanklich auf einen anderen Planeten, auf dem Sie das Erwünschte bereits haben, und empfinden die Dankbarkeit Ihres alternativen Ichs für all diese Gaben. Der zweite Teil des Gesetzes des Dankens besagt nämlich, dass Sie nur für etwas Dankbarkeit empfinden können, was Sie bereits haben. Sinn der Übung: Wenn Sie für etwas dan-

ken, was Sie noch nicht haben, und es sich um einen realistischen Wunsch handelt, werden Sie es sehr wahrscheinlich bald bekommen. Dem entspricht das Bibelwort: »Alles, worum ihr betet und bittet – glaubt nur, dass ihr es schon erhalten habt, dann wird es euch zuteil.«*

Das Gesetz des Spiels

Es klingt für manchen vielleicht naiv, ignorant oder auch dreist, zu sagen, das Leben sei ein Spiel. Aber so wie jedes Spiel hat auch das Leben seine Spielregeln. Wie in einem »richtigen Spiel« ist ebenso – gleich, was passiert – Ihr Leben nicht wirklich bedroht. Sicher, Sie werden Ihren Körper bei diesem Spiel früher oder später verlieren, dies geht jedem so. Doch *Sie selbst* können bei diesem Spiel nur gewinnen.

Dass dieses Leben ein Spiel ist, erkennt man allerdings nur in den Zuständen, in denen man »bei Bewusstsein« ist. Bei Bewusstsein zu sein, bedeutet u.a., anzuerkennen, dass die ganze Schöpfung von *einem* Geist gesteuert wird, der ständig durch alles zu sich selbst spricht. Wenn Sie also »gegen« einen Menschen sind, sind Sie damit eigentlich auch gegen sich selbst.

»Im Spiel zu sein«, bedeutet, bei Bewusstsein zu sein. Wenn die Fahrt mit dem Lebens»schiff« normalerweise der mit einem Ruderboot ähnelt, mit dem Sie sich anstrengen müssen, um voranzukommen, gleicht das Leben im Lebensspiel dem Dahingleiten mit dem Surfbrett:

* Mk. 11, 24 (hier nach der Einheitsübersetzung).

Sie nutzen Wind und Wellen und kommen scheinbar mühelos voran. Sie können wählen: nur »im Spiel zu sein« oder »im Drama zu sein«, Spieler zu sein oder Spielfigur (die hin und her geschubst wird). Zum Gesetz des Spiels gehören neben dem »Im-Fluss-Sein« – dem »Flow« im Sinne des ungarisch-amerikanischen Psychologen Mihaly Csikszentmihalyi*, dem völligen Aufgehen im Leben, dem Einswerden mit jeder Tätigkeit – und der seelischen Erhabenheit auch die folgenden Lebensweisheiten:

- Leicht ist richtig, richtig ist leicht.
- Wer nicht spielen will, muss arbeiten.
- Im Spiel zu bleiben, ist wichtiger, als an seinen Vorstellungen festzuhalten.
- Recht haben ist der Trostpreis im Leben.
- Nichts begehren, nichts zurückweisen.
- Feste Vorstellungen sind die Mörder der Leichtigkeit.

Übung: Das Leben im »Flow«

Erinnern Sie sich einmal an die Zeit, als Ihnen alles leicht von der Hand lief und Sie das Leben als ein Spiel empfanden. Was haben Sie in dieser Zeit richtig gemacht? Was für eine Einstellung müssten Sie bezüglich … (Partnerschaft, Beruf, Körper, Wohnort, Lebensfreude) haben, um wieder in den »Flow« zu kommen?

* Vgl. Mihaly Csikszentmihalyi (der Nachname des Autors wird so ausgesprochen: »Tschick-sent-mihaji«): *Flow. Das Geheimnis des Glücks*, Stuttgart 1990.

Das Gesetz der Vergebung

Wem Sie verzeihen, was er Ihnen angetan hat, dem ist diese Schuld vergeben. In dem Maße, wie wir unseren »Schuldigern« vergeben, in dem Maße wird auch uns vergeben. Wir können es uns deshalb im Grunde nicht leisten, anderen nicht zu verzeihen. Weil das Verzeihen so wichtig ist, werden wir uns später noch einmal damit auseinander setzen.

Übung: Verzeihen

Denken Sie heute einmal darüber nach, wem Sie noch nicht verziehen haben bzw. was Sie sich selbst noch nicht verziehen haben. Bearbeiten Sie dieses Thema, z. B. mithilfe der CD »Mir und anderen verzeihen« von Turiya von Hannover (Edition Innenwelt, Köln) oder einer meiner Meditations-CDs.

Weitere geistige Gesetze

Natürlich gibt es noch eine ganze Reihe weiterer Gesetze, die sich zum Teil aus den o. a. Gesetzmäßigkeiten ableiten lassen, wie z. B. das Gesetz der Schwingung, das Gesetz des Rhythmus, das Gesetz der Freiheit oder das Gesetz der Treue zum Selbst, um nur einige zu nennen. Detaillierte Darstellungen der geistigen Gesetze finden Sie z. B. in meinem bereits zitierten Buch *Die geistigen Gesetze*.

Wenn Sie sich mit spirituellen oder weltlichen Führern unserer Zeit oder der Vergangenheit beschäftigen, werden Sie feststellen, dass sie alle *ihr eigenes* Gesetz gelebt haben, das natürlich ein Bestandteil *des einen Gesetzes* ist: Franz von Assisi, Steiner, Mörike, Beethoven oder Wagner. Es scheint, als wenn das Leben durch die Herausforderungen, die es einem Menschen präsentiert, seine *ureigene* Antwort provoziert. Und diese mag individuell unterschiedlich sein. Deshalb können die hier aufgeführten Gesetze auch nur Hinweise sein. Wenn Sie dort Ihren Weg entdecken, ist dies gut. Wenn nicht, dann suchen Sie *Ihr* Gesetz. Wenn Sie es gefunden haben und dabei sind, es zu leben, werden Sie erkennen, dass *alle* Gesetze, auch die oben erwähnten, im Prinzip von Ihrem ureigenen Gesetz nicht verschieden sind.

Abschließend in diesem Kapitel das vielleicht praktischste, einfachste und effektivste Gesetz: das Gesetz der Aufmerksamkeit. Die Gesetze des Lebens lassen sich auch in den sehr einfachen Worten zusammenfassen:

- Die Energie folgt der Aufmerksamkeit.
- Wem ich Aufmerksamkeit gebe, von dem bekomme ich mehr!
- Wer die Aufmerksamkeit beherrscht, beherrscht die (seine) Welt.

Positives Leben verwirklichen – Techniken und Themen

Affirmationen bzw. Autosuggestion

Im 19. Jahrhundert machte ein französischer Apotheker eine besondere Entdeckung: Er stellte fest, dass die Heilwirkung des Medikaments, das er seinen Kunden überreichte, von den Worten abhing, mit denen er dies tat. Sagte er zu den Patienten dabei: »Ihr Arzt hat gut gewählt, dieses Medikament hat schon so vielen geholfen und wird auch Ihnen helfen, Ihnen wird es bald wieder gut gehen«, genasen die meisten Patienten in Kürze. Übergab er das Medikament jedoch ohne Kommentar, war die Heilwirkung wesentlich geringer. Aus dieser Erfahrung entwickelte der Apotheker eine eigene Heilslehre, mit der er schnell weltberühmt wurde. Sein Name war Émile Coué (1857–1926), und die von ihm entdeckte Gesetzmäßigkeit hat heute noch genauso Gültigkeit wie damals.

Im Laufe der Jahre entwickelte Coué die Autosuggestion. Er ging davon aus, dass jeder Mensch seinen seelischen, körperlichen, ja, sogar seinen pekuniären Zustand erheblich verbessern kann, wenn er sich selbst bestimmte positive Suggestionen aufsagt. Coué ging davon aus, dass unsere Selbstheilungs- und Selbstausrichtungskräfte nahezu unbegrenzt sind und wir sie durch gezielte Autosuggestionen zu unserem Wohl freisetzen können. Im Laufe der Jahre begannen immer mehr Heilkundige, sich der Methode Coués zu bedienen, und erzielten dadurch bemerkenswerte Erfolge.

In seinem Buch *Die Selbstbemeisterung durch bewusste Autosuggestion** beschreibt Coué die Wirkungsweise der Autosuggestion und gibt dem Leser Affirmationen für die eigene Gesundwerdung von verschiedensten Krankheiten an die Hand.

Gedanken und Vorstellungen haben unmittelbare Auswirkungen auf unseren Körper – ob uns dies bewusst ist oder nicht. Sie sind »Wirkkräfte«. Der Körper reagiert in den meisten Fällen so, als ob das Gedachte tatsächlich geschehen würde. Welche Bedeutung hat diese Erkenntnis nun für die Verwirklichung?

Durch Ihre Gedanken, Vorstellungen, durch alles, was Sie an Sinnesreizen von außen aufnehmen oder auch aus sich selbst heraus denken, beeinflussen Sie Ihren Körper, Ihre Seele, Ihren Geist in eine erwünschte oder eine unerwünschte Richtung. Deshalb können Sie dadurch einen positiven Einfluss auf Ihren gesamten Organismus ausüben, beispielsweise indem Sie Affirmationen anwenden.

Affirmationen sind positiv gehaltene, möglichst selbstverstärkende Aussagen, die in Rezitation wiederholt werden, quasi als selbstgewählte Autokonditionierung.

* Émile Coué: *Die Selbstbemeisterung durch bewusste Autosuggestion*, Basel 2005.

Diese können in Form eines Mantras, einer sich selbst erfüllenden Prophezeiung oder eines Postulates vorkommen. Die Idee der religiös-positiven Selbstbeeinflussung durch Wiederholung positiver Formeln ist seit Jahrhunderten durch die Mantra-Meditationen des Fernen Ostens sowie den christlichen Rosenkranz bekannt: Zu jeder Religion gehören, selbst wenn sie nicht so genannt werden, praktische Sinnsprüche, mit denen der Gläubige sich konditioniert. Das Wort »konditionieren« ist hierbei wertneutral zu verstehen. Es kommt ursprünglich aus dem Lateinischen und bedeutet »bedingen«*, im Englischen ist das Wort *to condition* gleichbedeutend mit »sich in Form bringen« u.a. Aus dem lateinischen Wort *condicio* ist auch unser Fremdwort »Kondition« abgeleitet. Unabhängig von bestimmten religiösen Konzepten gilt die Affirmation heute als universelles Instrument der Selbstbeeinflussung – das Konditionieren in der Psychologie als Hervorrufung von bestimmten Reaktionen (Reizen) –, da sie im Gegensatz zum ähnlich gehandhabten Mantra auch völlig ohne einen religiös gefärbten Zusammenhang auskommt.

Die Wirkungsweise einer gelungenen Affirmation ist untrennbar mit der Bejahung des Lebens, des eigenen Lebens bzw. der Wiederherstellung ausbalancierter körperlicher, seelischer oder geistiger Zustände verbunden. Dies bedeutet, dass eine Affirmation ohne Lebensbejahung wenig Sinn macht. Ich muss erst mein »Ja zum Leben« und seinen Gesetzen entdeckt haben, bevor ich erfolgreich mit Affirmationen arbeiten kann.

* Nach dem lat. Substantiv *condicio* (spätlat. *conditio*) = »Bedingung« u.a.

Dies erklärt auch den engen Zusammenhang zwischen dem »Rebirthing«* und Affirmationen.

Die Affirmation kann einige wenige Male oder, wie bei der religiösen Ausübung, mehrere Tage hintereinander rezitiert werden. Wichtig für den Erfolg der Affirmation ist die liebevolle Aufmerksamkeit für den Inhalt. Im Gegensatz zum Mantra, das in der Regel eine universelle bzw. allgemeine Formulierung enthält, betrifft die Affirmation stets das eigene Thema. Aus diesem Grund wird sie oft auch mit der »mentalen Zunge«, also gedanklich, wiederholt und nicht laut.

Umstritten ist in Fachkreisen die Wirkungsweise von Affirmationen auf die eigene Schicksalslenkung. Die Experten sind sich uneinig darüber, wie hier die Formeln formuliert werden sollten und in welchem Maße und Lebensbereich die Autosuggestionen anzuwenden sind. Sicherlich muss, wo es um die persönliche Schicksalsgestaltung geht, die Affirmation auf die Bedürfnisse des Betreffenden maßgeschneidert werden.

Umstritten ist auch, inwieweit Verneinungen in die Affirmationen eingebaut werden dürfen. Die Vertreter der klassischen Lehre behaupten, dass das Unterbewusstsein

* Das englische Wort *rebirth* heißt »Wiedergeburt«. Bei dieser spirituellen Form der Psychotherapie mit bestimmten Atemtechniken, etwa der Hyperventilation, sollen körperliche und spirituelle Erfahrungen durch das erneute Erleben prä- und perinataler Störungen gemacht werden, und zwar mit dem Ziel, durch das Geburtstrauma erlittene Schmerzen zu verarbeiten. Informationen über Rebirthing erhalten Sie u. a. in *Das Rebirthingbuch. Die Kunst des Atmens*… von Leonard Orr und Konrad Halbig (Burgrain 1996), Anleitung zur Heimanwendung (Fachbuch und Trainingskassette: *Atem Ekstase* [Essen o. J.]) von Burkhard Schröder.

keine Verneinung akzeptiert und demnach die Autosuggestion mit Wörtern wie »nicht« oder »kein« o. Ä. die innere Aufmerksamkeit genau auf den *unerwünschten* Zustand lenken würde. Deshalb sei der wichtigste Grundsatz bei der Erstellung einer Affirmation die positive Formulierung in Gegenwartsform. Andere, wie z. B. die Channelausbilderin Janet McClure* oder Klaus Jürgen Becker**, plädieren dafür, den unerwünschten negativen Zustand in die Formel einzubauen. Das Problem wird in eine Entsprechung »übersetzt« und mit dem positiven Ziel verbunden. Durch eine wie eine Zahnkrone auf das Problem maßgeschneiderte »realisierende Affirmation« (auch »Realisierung« genannt) werden Verdrängungsmechanismen ausgeschlossen und ein umfassenderer Standpunkt eingenommen, z. B.:

> »Ich lasse das Bedürfnis, alte Schocks während meiner Rede zu kreieren, los und bin bereit, anzuerkennen, dass ich eine freie Rede halten kann, ohne in alte Traumata zu verfallen!«

Der Unterschied in der Behandlung beider Methoden liegt, welche Ebene ich adressiere und wie ich mit den Affirmationen umgehe. Realisierungen sollten pro Anwendung nur einmal wiederholt, dann in der Tiefe durchdacht und als positiver Endzustand bildhaft erlebt werden. Zu jedem Satz sollte das positive Bild ge-

* Vgl. Vywamus und Janet McClure: *Die Erde ist in meiner Obhut*, Seeon 2001; oder Vywamus u. a.: *Das Aha-Buch*, Seeon 1991.

** Vgl. z. B. Klaus Jürgen Becker: *Urlaub für immer. Der große Ratgeber für Gelassenheit im Alltag*, Köln 1999.

halten und dann zum nächsten Satz übergegangen werden. Realisierungen adressieren sich an die Ebenen der umfassenderen Strukturen (Kausalebene*) und haben nur Sinn, wenn sie durch Kontemplation in der Tiefe »verstanden« und auch geistig umgesetzt, also »geistig vollzogen« werden.

Ausschließlich positiv gehaltene Affirmationen betreffen dahingegen die Mentalebene und sollten mehrfach wiederholt werden. Wenn wir uns daran erinnern, dass wir pro Tag mindestens 40 000 Gedanken denken, ist es klar, dass wir unsere Positivformel am Tag wenigstens dreißig- bis vierzigmal voller Inbrunst wiederholen sollten, damit sie einen positiven Effekt auf uns hat. Am besten wiederholen Sie die Formel während eines Spaziergangs, z. B. indem Sie das Versmaß mit Ihrem Schrittmaß abstimmen. Wählen Sie also am besten *eine* Formel und wiederholen Sie diese wieder und wieder im Geiste, bis Sie merken, dass sie »wie ein Ohrwurm« bis in Ihre Zellebene hinein wirkt. Dadurch werden die dem positiven Ziel entgegenstehenden Blockaden im Laufe der Zeit von den positiven Gedanken durchdrungen und abgestreift.

Sie unterstützen übrigens Ihre Affirmationen, wenn Sie dabei mit dem Mittelfinger die Stirnhöcker halten (auf der Stirn etwa in der Mitte zwischen Pupille und Haaransatz), am besten sogar verkehrt herum (der linke Mittelfinger hält den rechten Stirnhöcker).

Es gibt noch eine dritte Form von Affirmationen, die

* Der Kausalkörper ist im theosophischen Sprachgebrauch die Hauptkraft im Innern des Menschen, der »persönliche Gott«.

»Seinsformeln«. Diese beschreiben eine Tätigkeit oder einen Seinszustand in denkbar kurzen Worten. In dem Fall geht es darum, die Bejahung tief in sich aufzunehmen und wie ein Medikament wirken zu lassen.

Nachfolgend einige Affirmationen zur Heilung des Körpers, dargestellt mit allen drei Methoden – so können Sie die unterschiedlichen Vorgehensweisen vergleichen und die für Sie geeignetste auswählen –:

- Realisierungsbeispiele:
  - *Gelenke:* »Beweglich und flexibel bin ich bereit, die Veränderungen und Bewegungen im Prozess des Lebens zu erlauben und mich von Rigidität und Steifheit zu lösen. Ich ergebe mich dem beweglichen und veränderlichen Fluss des Lebens, indem ich bewegliche Verbindungen pflege, ohne dabei andere zu ›vergewaltigen‹ oder mich ›vergewaltigen‹ zu lassen. Ich akzeptiere Liebe als ›Gleitmittel‹, das mich vor Rigidität und Steifheit schützt und ständig erneuert.«
  - *Knie:* »Ich bin flexibel in meinen Ausrichtungen – demütig und bereit, mich zu beugen, fließe ich mit den Bewegungen des Lebensveränderungsprozesses und lebe frei von falschem Stolz – ich bin frei von Widerstand gegen den Lebensveränderungsprozess und fließe frei.«
  - *Lunge:* »Ich bin bereit, mich für mein Selbstbewusstsein zu öffnen und meine Unterdrückung von Emotionen aufzugeben. Ich gebe meinen Widerstand gegen das Annehmen von Liebe auf und

lasse die Idee los, welche Beziehungen mit Stress verbindet. Ich gebe es auf, mich unbrauchbar zu fühlen, und lasse meine Angst, Selbstsucht und meinen Gram über mich und andere los – ich erlaube dem Atem des Lebens, frei durch mich zu wirken.«

- *Rückgrat:* »Emotionale Unterstützung und persönliche Stärke durch mich fließen lassend, lasse ich falsche Verantwortlichkeiten los. Ich bin unabhängig von der Unterstützung Dritter und lasse die schwere Bürde der eigenen Negativität und von materieanhaftenden Gedanken los. Ich bin bereit, unterdrückte Gefühle, Sexualität, Spannungen und finanzielle Sorgen loszulassen, und fühle die Unterstützung und die Gabe, Ideen und Projekte durch mich zu unterstützen und zu vollenden.«
- *Leber:* »Ich untersuche mich täglich auf Spuren von Wut, Bitterkeit, Neid, Feindseligkeit, Selbstsucht, emotionaler Verzweiflung, zerstörerischen Leidenschaften, Hoffnungslosigkeit, Unfähigkeit. Ich bin bereit, mit meinen ›fetten Emotionen‹ Freundschaft zu schließen und sie aus dem Gefängnis der Verdammung zu befreien. Ich verwandle das, was mir auf der Leber liegt, durch das Feuer der heilen Leidenschaft, eingebettet in das Potenzial harmonischer Emotionen. Ich wandle die Dinge liebevoll um.«
- *Genitalien:* »Ich öffne mich den Freuden der Leidenschaft und der Lebensspontaneität, denn meine Beziehung zur Sexualität und zu meinem Sexualpart-

ner ist eine gute. Ich respektiere meinen Partner auf der Basis von liebender Ebenbürtigkeit – frei von Schuldgefühlen, Vorwürfen, Hemmung oder Missgunst bin ich bereit, meine Sexualität mit ihm zu teilen, wie sie ist. Ich lasse jegliche unterdrückte Emotionen los und bin bereit, meine Energien bis an den Rand meines kreativen Ausdrucks kanalisieren zu lassen – und darüber hinaus. Ich bin frei von Gier, Täuschung oder Sucht, sodass ich stets in Kontakt mit meinen wahren Gefühlen bleibe. Ich bin ausgestattet mit der Gabe, Vergnügen zu geben und zu empfangen und mich dabei kreativ, potent, empfindungsfähig und produktiv zu fühlen. Ich bin bereit, die Lebenskraft, die ich von meinem gleichgeschlechtlichen Elternteil empfangen habe, in meiner mir eigenen Form weiterzugeben, wie *ich bin.* Ich nehme Abstand von jeder Form von missbräuchlicher Sexualität und ehre den Sexus als Ausdruck meines ›Hier-Seins‹.«

– *Lebensprobleme:* »Ich bin bereit und in der Lage, die wahre Bedeutung und die Absicht meiner Lebensumstände zu verstehen. Ich erlaube mir, zu erkennen, was das Leben mir mit jedem Lebensumstand sagen will, entschlüssele die verborgene Botschaft und erlaube durch mich die notwendige Veränderung. Ich nehme meine persönliche Integrität im Umgang mit dem Leben in Besitz und bin bereit, meine Emotionen auszudrücken. Ich verstehe ihre Botschaft an mich. Ich verdränge nichts und gebe den internen Kampf zwischen meinem Negativ-Ego (dem falschen Glaubenssystem) und meinem

Gewissen auf. Ich öffne mich für ein tieferes Verstehen von Lebenszusammenhängen, Liebe und Wahrheit.«

- Affirmationsbeispiele*:
  - *Asthma:* »Ich nehme mein Leben selbst in die Hand.«
  - *Frigidität:* »Ich liebe es, eine Frau zu sein.«
  - *Gelenke:* »Ich begebe mich leicht in den Fluss der Wandlung.«
  - *Genitalien:* »Ich freue mich über meine Ausdrucksform des Lebens.«
  - *Haarausfall:* »Ich bin in Sicherheit.«
  - *Impotenz:* »Ich erlaube meinem sexuellen Prinzip freudvollen Ausdruck.«
  - *Knie:* »Ich bin flexibel und beweglich.«
  - *Lebensprobleme:* »Ich erkenne die Zusammenhänge des Lebens.«
  - *Leber:* »Liebe, Frieden und Freude sind es, was ich kenne.«
  - *Lunge:* »In ruhigem Gleichmaß nehme ich das Leben in mich auf.«
  - *Rückgrat:* »Ich weiß, dass das Leben immer hinter mir steht.«
  - *Schlaflosigkeit:* »Das Morgen wird für sich selbst sorgen.«
  - *Sucht:* »Ich entdecke jetzt, wie wunderbar ich bin.«
  - *Vagina:* »Es ist gut, verletzlich zu sein.«

* Nach Louise L. Hay: *Heile deinen Körper*, Berlin 2003.

- Seinsformeln*:
  - *Blase:* »Ich bin ausgeglichen.«
  - *Dickdarm:* »Ich bin von Grund auf rein … gut … liebenswert.«
  - *Dünndarm:* »Ich hüpfe vor Freude.«
  - *Galle:* »Ich wende mich anderen voller Liebe zu.«
  - *Herz:* »Ich bin voller Vergebung.«
  - *Kreislauf/Sexus:* »Ich lasse die Vergangenheit los. Ich bin entspannt.«
  - *Leber:* »Ich bin glücklich. Ich habe Glück.«
  - *Lunge:* »Ich bin demütig. Ich bin tolerant … bescheiden.«
  - *Magen:* »Ich bin zufrieden.«
  - *Milz/Pankreas:* »Ich bin sicher. Ich vertraue auf meine Zukunft.«
  - *Niere:* »Meine sexuellen Energien sind ausgewogen.«
  - *Schilddrüse:* »Ich bin hoffnungsfroh.«
  - *Thymusdrüse:* »Ich liebe … glaube … vertraue … bin dankbar … mutig.«

- Weitere praktische Affirmationen:
  - »Das innere Licht (des inneren Buddhas, des Gottesfunkens) scheint in mir.«
  - »Das Leben ist ein wunderbares Geschenk, bei dem ich nur gewinnen kann.«
  - »Der Friede der *einen* Kraft (Gottes) erfüllt meine Seele.«
  - »Die *eine* Kraft steuert durch mich mein Auto, das ich umsichtig lenke.«

* Nach John Diamond: *Die heilende Kraft der Emotionen*, Freiburg 2001.

- »Die *eine* Kraft (Gott) sieht meinen Weg voraus und macht ihn eben und heiter.«
- »Die Liebe ist mein Ziel, ich komme wohlbehalten an.«
- »Gott ist Liebe, ich bin Liebe.«
- »Ich bin im Vertrauen zum Prozess des Lebens.«
- »Ich bin Liebe, Licht und Freude.«
- »Ich bin willens, mich zu wandeln und zu wachsen.«
- »Ich erhebe mich über die Begrenzungen der Angst und erschaffe mein Leben selbst täglich neu.«
- »Ich liebe und akzeptiere mich und meinen Partner so, wie ich bin und wie er ist.«

Wenn Sie möchten, entwickeln Sie Ihre Affirmation(en) selbst oder mithilfe eines erfahrenen Lebensberaters. Es ist wichtig, jeden Tag immer wieder mit denselben Formeln zu üben, da Sie sich nur so eine Zielgerade durch die 40 000 täglichen Gedanken bahnen können. Oder verwenden Sie doch einfach, wenn Ihnen dies entspricht, die bekannteste Affirmation der Welt, die Coué selbst entwickelt hat:

> »Es geht mir in jeder Hinsicht von Tag zu Tag immer besser.«

Hier noch ein paar praktische Tipps:

- Wenn Ihre Affirmation *nicht zu funktionieren* oder gar das Gegenteil zu bewirken scheint, verzweifeln Sie nicht. Üben Sie konstant weiter, bis Sie »über den

Berg sind«. Vergessen Sie nicht, dass Sie mit Ihrer Affirmation unter Umständen eine jahrzehntelange Gewohnheit überwinden.

- Um sich ein *schnelles Erfolgserlebnis* zu gönnen, sollten Sie mit einer Affirmation beginnen, die Sie leicht glauben können und deren Erfüllung Ihnen viel Freude macht.
- Beschreiben Sie *Negatives als Chance*: »Da ist ein Schnupfen, mein Immunsystem lernt gerade, damit umzugehen, und danach bin ich stärker.«
- Entwickeln Sie eine *positive Grundeinstellung zu sich selbst*.
- Sagen Sie *ja zum Leben* und seinen Herausforderungen.
- Erkennen Sie sich immer als *Gewinner*: Entweder Sie erringen einen Erfolg oder (im Falle des Nichterfolgs) eine Erkenntnis, wie es das nächste Mal besser geht.
- *Verbannen Sie den Satz »Ich kann nicht …«* aus Ihrem Wortschatz, sagen Sie lieber: »Es scheint mir noch schwer, aber ich werde es können …«
- Das Geheimnis der Affirmation ist die *Steuerung der täglichen Aufmerksamkeit*. Die Aufmerksamkeit lenkt die Energie. Worauf ich meine Aufmerksamkeit richte, davon bekomme ich mehr. Dies muss sich natürlich auch im Alltag fortsetzen (s. a. »Gedankenhygiene«). Es wirkt nicht, sich Affirmationen einzureden, aber im Alltag ein unethisches Dasein zu führen und sich dann noch die Hilfe des Universums dabei zu erhoffen. Affirmationen haben nur dann Sinn, wenn Sie Gedankenhygiene auch im Alltag leben.

Altar und Hausaltar

Altäre gibt es seit Menschengedenken. Höhlenmalereien zeugen davon, dass es die ersten Hausaltäre bereits zur Steinzeit gab. Schon die Höhlenmenschen reservierten sich einen Teil ihrer Behausung, welcher nur zu magischen, religiösen oder heilenden Zwecken betreten werden durfte.

Das Wort »Altar« stammt von dem lateinischen Wort *altaria*, was »Aufsatz auf dem Opfertisch bzw. Brandaltar« bedeutet, und bezeichnet traditionell den Ort, an dem den Göttern Opfer dargebracht wurden. Die Opfer wurden erbracht als Bekräftigung einer Fürbitte, einer Danksagung oder auch, um die Götter milde zu stimmen. Aus der jüdischen Tradition kennen wir auch das Rauchopfer.

In der christlichen Kirche versinnbildlicht der Altar den Ort, auf dem symbolisch das Kreuzesopfer Christi vollzogen wurde und auf dem deshalb nicht mehr Pflanzen oder Tiere geopfert werden müssen. Im Neuen Testament* wird Christus als der lebendige Felsen bezeichnet, den wir im Altar dargestellt finden.

Traditionell wird er umschritten und mit Weihrauch verehrt. Besondere Würdigung findet der Altar in katholischen und orthodoxen Kirchen: Er wird dort vom Priester mit einem Kuss begrüßt und verabschiedet. Der normale Sterbliche darf nur in Ausnahmefällen in seine unmittelbare Nähe. In manchen Kulturen wird bei Berührung des Altars Asylrecht einge-

* 1. Petrus 2, 4.

räumt. Und der Volksmund bezieht sich auf den Altar, wenn gesagt wird, dass jemand »auf Bein und Stein« schwört (gemeint sind der Altar und die Reliquien unter ihm).

In den buddhistischen Traditionen Asiens haben die Gläubigen einen Hausaltar, auf dem sich Speisen und Getränke für die Götter befinden und/oder die Verstorbenen geehrt werden. Ferner gibt es dort, vergleichbar unseren Gebetskapellen und ihren Opferkerzen, öffentliche Altäre, damit die eigenen Wünsche, unterstützt durch die Kraft des Altars und spezielle Räucherstäbchen, die Kraft bekommen, um von Gott/den Göttern erhört zu werden.

In Bayern findet man in vielen Wohnungen nach wie vor ein Plätzchen in der guten Stube, an der Mutter Maria verehrt wird, geschmückt mit einem weißen Tuch, Blumen und Kerzen. In manchen Landstrichen werden Hausaltäre direkt gegenüber der Haustür aufgestellt, um positive Energien anzuziehen und negative abzuwenden.

Ein Hausaltar kann uns auch als Blickfang dienen, der uns täglich an die Schönheit der Natur und die Schönheit in unserem Leben erinnert. Doch jeder muss selbst entscheiden, ob er einen Hausaltar wünscht und diesen allgemein zugänglich aufbauen möchte oder ob er Fremden unzugänglich und vor ihren Augen geschützt stehen soll. Mit einem Hausaltar kreieren Sie einen heiligen Ort inmitten des Alltagsgeschehens.

Es gibt mehrere Möglichkeiten, mit einem Hausaltar umzugehen, z.B. diese drei:

1. *Ritualaltar:* In schamanistischen und magischen Traditionen wird der Altar für Rituale verwendet, beispielsweise, um Weihrauch auf ihm zu verbrennen. Manche verwenden den Ritualaltar für die rituelle Magie, z. B. die Visualisation der violetten Flamme zum Zwecke der Heilung.
2. *Wesensaltar:* Hier versinnbildlicht der Altar nicht ein Stück Materie, sondern eine Gottheit oder Gott selbst, zu denen man betet. Für die Christen beispielsweise verkörpert der Altar Christus (s.o.).
3. *Sammlungsaltar:* Der Altar dient als Ort der inneren Sammlung.

Neben der Möglichkeit, einen Altar in der Kirche aufzusuchen, können Sie also auch einen Hausaltar gestalten, einen Ort, der Sie der Hektik des Alltags entzieht. Es ist Ihnen überlassen, wie Sie diesen gestalten. Selbst in der kleinsten Wohnung ist noch Raum für einen Platz der Andacht und der Meditation. Ob Sie Ihren Altar nach christlicher, buddhistischer oder hinduistischer Tradition aufbauen, bleibt Ihnen überlassen. Vielleicht nutzen Sie als Erhöhung für den Altar einen kleinen Schemel oder ein niedriges Tischchen, sodass Sie neben ihm niederknien können. Oftmals eignet sich das Schlaf- und Ruhezimmer in besonderem Maße, z. B. der Platz neben dem Bett. So können Sie sich direkt nach dem Aufstehen bzw. direkt vor dem Einschlafen der Andacht widmen, ohne zwischendurch irgendwie abgelenkt zu sein.

Der Altar sollte zu keinem anderen Zweck als der Andacht verwendet werden. Auf ihm können Sie Bilder oder Statuen der Verehrung (der Erinnerung an die eigene Göttlichkeit) anbringen, z. B. von Jesus/Mutter Maria, von Buddha, Krishna oder auch von Shiva-Shakti in liebender Umarmung. Kerzen, Räucherwerk und/oder eine Glocke oder Klangschale untermalen Beginn und Ende der Andacht. Wenn Sie die Bilder der Verehrung wie einen offenen Kasten aufbauen, entsteht ein räumlicher Eindruck. Sie können dann zu Beginn Ihrer Andacht Ihren Blick liebevoll einige Minuten auf den Altar konzentrieren und sich so auf Ihre Sammlung vorbereiten.

Der Vorteil eines Hausaltars liegt in der schnellen Verfügbarkeit. So können Sie neben der morgendlichen und abendlichen Andacht im Bedarfsfall auch mal ein »schnelles Stoßgebet zum Himmel« schicken, wenn Ihnen danach ist, beispielsweise falls Sie gerade einmal nicht die Nerven haben, liebevoll mit den eigenen Kindern umzugehen. Oder man sucht den Hausaltar auf, wann immer man ein ungelöstes Problem hat oder Inspiration für sein kreatives Wirken braucht.

Durch ständiges Praktizieren der Andacht erhält der Ort des Altars schnell eine besondere Bedeutung für das eigene Unterbewusstsein und wird dabei zugleich spirituell aufgeladen. Ob Sie vor Ihrem Altar einen Rosenkranz beten oder ein Mantra intonieren, einfach nur in die Stille gehen oder dem inneren Klang lauschen, bleibt völlig Ihnen überlassen.

Für die meisten Menschen haben die Gedankenformen von Gebeten und Fürbitten vor dem eigenen Hausaltar mehr Kraft als an einem »normalen« Platz. Als

Übung: Das Ehren eines Altars

Betreten Sie ein Gotteshaus Ihres Glaubens, vielleicht sogar einen Wallfahrtsort oder Tempel. Ehren Sie den Altar als Ausdruck des lebendigen Christus bzw. der Gottheit, die diese Religion verkörpert, und beten bzw. meditieren Sie an diesem Ort der Kraft. Eine Ansichtskarte von diesem Heiligtum könnten Sie dann später auf Ihren Hausaltar stellen, um sich auch im Alltag an Ihre Andachtserfahrung zu erinnern.
Natürlich, wenn Sie vollends erleuchtet sind, benötigen Sie keinen Altar mehr, weil Sie selbst zum Altar des Herrn geworden sind. Doch bis dahin mag es hilfreich sein, die eigene Göttlichkeit auf einen Hausaltar zu projizieren und dort zu erleben. Ein Gebet aus Syrien drückt diesen Zusammenhang in besonderer Schönheit aus:

»Verbleibe im Frieden,
heiliger und göttlicher Altar des Herrn,
Ich weiß nicht, ob ich zu dir noch einmal zurückkehren werde oder nicht.
Möge der Herr mir gewähren, dich zu sehen
in der Kirche der Erstgeborenen im Himmel.
Auf diesen Bund setze ich mein Vertrauen.«

Paar mögen Sie vielleicht regelmäßig gemeinsam für das Gedeihen Ihrer Beziehung und den Frieden innerhalb Ihrer Familie beten. Für Liebende empfiehlt es sich, vor dem Liebesakt gemeinsam zu beten und so die sinnliche Begegnung in einen »heiligen Raum« und damit unter die Weihe einer höheren Kraft zu stellen.

Allen Hausaltären ist gemein, dass sie ein Platz der inneren Einkehr sind. Vor ihnen finden wir Ruhe, Kraft und Antworten zu Fragen, die uns bedrücken oder beschäftigen.

Beten

Zu allen Zeiten und in allen Religionen haben Menschen gebetet. Man betet allein oder gemeinsam, aus einem seelischen Bedürfnis heraus oder weil Moralvorstellungen, Erziehung oder Gesellschaft uns dazu auffordern. Man betet zu Jesus, Mutter Maria, den christlichen Heiligen, Buddha, Allah, Shiva-Shakti, seinem spirituellen Meister oder dem uns innewohnenden Selbst.

Gemeinsam ist allen Gebeten, dass man sich dabei vertrauensvoll an eine höhere Macht wendet, an deren Existenz man glaubt und deren Beistand man durch das Gebet herabzurufen bestrebt ist. Das Gebet entspricht dem Urbedürfnis des Menschen nach Vertrauen, Geborgenheit und Hilfe angesichts der eigenen Sterblichkeit. Das Gebet ist direkt an ein Du gerichtet, während die Meditation uns auf den Weg nach innen lenkt. In der Meditation geht der Mensch in sich, hält Einkehr und hört auf sein Inneres. Beides fließt ineinander. Meister Eckehart (um 1260–1328) hat sinngemäß gesagt, im Gebet spreche er zu Gott, in der Meditation spreche Gott zu ihm.

»Ihr betet in eurer Bedrängnis und Not;
würdet ihr doch auch in der Fülle eurer Freude
und in den Tagen des Überflusses beten.
Denn was ist ein Gebet anderes
als die Erweiterung von euch selbst
in den Himmel hinein?«
Khalil Gibran

Wenn ein Mensch in Krankheit oder Not um Genesung oder Besserung betet, entsteht bereits Linderung durch das Gebet an sich, einfach dadurch, dass der Kranke mit allem, was ihn belastet, sich an eine höhere Instanz wenden, seine seelische Last dort ablegen kann. Das Gebet gibt dem Menschen die Kraft, wie Jesus im Garten Gethsemane seine Angst zu offenbaren. Allerdings kann das bloße Aussprechen eines Gebets auch das Herz des Betenden öffnen, sodass er daraufhin für die Gnade rezeptiv wird.

Das Gebet muss aus tiefstem Herzen gesprochen werden, wenn es Kraft haben soll. Manche Menschen können nicht beten, weil sie nicht mit sich und ihren Nächsten versöhnt sind. In dem Fall sollte sich das Gebet zuerst auf die Versöhnung richten:

> »Herr, gib mir die Kraft und die Einsicht, denen zu verzeihen, die mich verletzt und gedemütigt haben. Herr, gib mir die Kraft und die Einsicht, meine eigenen Verfehlungen in deine Hände zu legen.«

Da wir erst einmal »das, was ist«, akzeptieren müssen, um darüber hinauszugehen – auch über uns selbst –, bietet die Versöhnung mit sich, dem Leben und den anderen im Gebet das Fundament für die erwünschte Verbesserung bzw. Erleichterung.

In einer Studie des Herzspezialisten Prof. Dr. Randolph Byrd* aus San Francisco fanden Ärzte schon Ende der 80er Jahre heraus, dass regelmäßige Gebete die Biochemie im Körper positiv verändern. Weitere positive statistische Ergebnisse über das Gebet Praktizierende sind dieser Studie zufolge:

- Betende *ernähren sich gesünder* und sind naturverbundener.
- Das Gebet erweist sich als heilsam *gegen Depressionen*, berufsbedingten Stress, psychosomatische Erkrankungen und Gemütsleiden.
- Betende Patienten haben *weniger Angst vor Operationen*, genesen nach Operationen schneller und benötigen weniger Schmerzmittel.
- Das Blut von Betenden im Vergleich zu Nichtbetern wurde untersucht, und man stellte fest, dass das *Blut der Betenden jünger*, die Abwehr gegen die Zellalterung größer war (höhere Interleukin-6-Werte).
- Statistisch gesehen, sind gläubige Menschen körperlich gesünder und seelisch stabiler als Menschen ohne Glauben.
- Durch Fürbitten völlig Fremder aktivieren sich die

* Vgl. Randolph Byrd: »Positive therapeutic effects of intercessory prayer in a coronary care unit population«, *Southern Medical Journal* 81(7)/1988, S. 826–829.

Heilungsprozesse von Kranken stärker als bei einer vergleichbaren Kontrollgruppe, für die nicht gebetet wurde!

- Selbst wenn eine Krankheit nicht geheilt werden kann und zum Tod führt, kann das Gebet die Angst vor dem Tod mildern.

Auch jemand, der die Präsenz einer höheren Macht nicht als beweisbar ansieht, kann von der Kraft des Gebets profitieren: Die simple Durchführung von Gebet oder Meditation – allein, in einem gesellschaftlich geschützten Rahmen und/oder eingebettet in einen sicheren Ritus – ist dazu geeignet, dem Menschen Sicherheit und Geborgenheit zu vermitteln und eine positive Erwartungshaltung aufzubauen. Da Gedanken und Gemütszustände einen direkten Einfluss auf Wohlbefinden, Psyche und Gesundheit haben, kann der Betende/Meditierende etwas tun, um seine Krise zu bewältigen bzw. die Steigerung seines Wohlbefindens zu erreichen. Immer wieder ist es vorgekommen, dass kritische oder gar skeptische Menschen allein durch die Praxis des Gebetes Heilungen, Besserungen, ja sogar seelische Öffnungen in bisher unbekanntem Ausmaß erfahren haben, sobald sie sich der intensiven Gebetspraxis zuwandten.

Wenn der Mensch jedoch das Gebet mit einem Warenbestellschein und Gott mit einem Versandhaus verwechselt, besteht die Gefahr der Abwendung, wenn das Gebet keine »prompte Wirkung« zeigt. Dann fühlen sich viele entweder als Versager vor Gott – so wie Kain, dessen Opfer von Gott nicht angenommen wurde.* Oder man hebt die Faust gen Himmel und glaubt, es gäbe keine höhere Macht. Wenn wir beten, sollten wir nicht erwarten, dass Gott sofort unsere Wünsche erfüllt, sondern erst einmal um die Erkenntnis und Weisheit bitten, zu erkennen, was für uns gut ist, und die Entwicklung unseres Schicksals Gott/der höheren Macht überlassen. So bekommen wir mehr und mehr Einsicht in die Schicksalsgeheimnisse – wie es das bekannte Gebet »Herr, gib mir die Kraft, das zu ändern, was ich ändern kann…« (s. S. 33) zum Ausdruck bringt.

Als entscheidend erweist sich bei der Gebetspraxis vielmehr die »innerseelische Regung«, die durch das Gebet hervorgerufen wird, die Aktivierung höherer Gedankenströme bis hin zur Durchflutung jener göttlichen Führung, die Christen den »Heiligen Geist«, andere Traditionen das »Soma« nennen. Jeder des Betens Kundige und auch jeder Geistheiler kann »spüren«, ob der Heilstrom bzw. Gnadenstrom beim Hilfesuchenden tatsächlich aktiviert ist oder ein kraftloses und wirkungsarmes Lippenbekenntnis abgegeben wurde.

Die Form des Gebets ist dabei jedem selbst überlassen und sollte der persönlichen Disposition des Betenden entsprechen. Als Frieden spendend erweist sich das Gebet des heiligen Franziskus in der folgenden (leicht abgewandelten) Form:

»Herr, mach mich zum Werkzeug deines Friedens und deines Heils,

* Vgl. 1. Mose 4, 5.

dass ich Liebe bringe, wo man hasst,
dass ich Versöhnung bringe, wo man kränkt,
dass ich Einigkeit bringe, wo Zwietracht herrscht,
dass ich Glauben bringe, wo der Zweifel quält,
dass ich Hoffnung bringe, wo Verzweiflung droht,
dass ich Freude bringe, wo Traurigkeit ist,
dass ich Licht bringe, wo Finsternis waltet.
O Herr,
hilf mir, dass ich nicht danach verlange,
getröstet zu werden, sondern zu trösten,
verstanden zu werden, sondern zu verstehen,
geliebt zu werden, sondern zu lieben.
Denn: Wer gibt, der empfängt,
wer verzeiht, dem wird verziehen,
wer als Ego stirbt, der wird als Selbst neu geboren.«

Man kann auch das Vaterunser beten, das Ave-Maria (z.B. als Rosenkranz), die Anrufung von Gott bzw. der *einen* Kraft oder eines Heiligen in einer Religion buddhistischen, islamischen oder hinduistischen Glaubens, traditionelle Gebete in einer Kirche, einem Tempel, an einem Wallfahrtsort sprechen, etwa begleitet von dem Anzünden einer Opferkerze. Oder Sie schreiben einen Brief an Gott respektive die *eine* Kraft (wie man es als Kind getan hat), in dem Sie all Ihre Gedanken und Bedürfnisse ausbreiten, und legen diesen Zettel an einen heiligen Platz, Altar, unter einen Stein o.Ä. Sie können auch frei formulierte Gebete direkt an Gott richten oder ein Zwiegespräch mit der höchsten Stimme des eigenen Gewissens führen.

Ein Heilgebet

»O höchstes Selbst, das du all meine Gedanken liest und jeden Winkel meines Bewusstseins kennst, prüfe mich nun und erkenne mein Herz. Gehe mit mir zurück durch all die düsteren Zeiten meines Lebens und wirf Licht auf alles, was noch im Dunkeln liegt.
Ich bitte, in diesem Augenblick, an diesem Tag neu geboren zu werden. Ich bitte, dass du all die Leiden heilen mögest, die mir, während ich aufwuchs, vielleicht zugefügt wurden. Wandle alles Negative in meinem Dasein und lass mich erkennen, dass ich wahrhaft von dir geliebt werde. Erfülle mich mit einem Gefühl für dein Vorhaben und deine Liebe.
Wenn ich meine Meditation am heutigen Tage beginne, erbitte ich dafür deinen Segen.
Ich danke dir, denn alles, was ich bin, bin ich in dir.
Ich bin dessen, worum ich dich bitte, wert.
Ich ruhe in dir, und ich danke dir, denn ich weiß, dass es geschehen wird.
Amen.«

Danken

Dankbarkeit ist keine Sache angesichts nur eines bestimmten Lebensumstandes, sondern eine *Grundeinstellung* gegenüber dem Leben. Das Leben aber ist Gott in Tätigkeit. Undankbarkeit zeugt dadurch zugleich auch immer von Hochmut gegenüber Gott, so als würde man sagen: »Gott, du hast einen Fehler gemacht, als du mich in diese Welt gesandt hast!«

Medien, die Kontakt mit Verstorbenen haben sollen, behaupten, dass so manch ein Selbstmörder nach seinem Suizid vor einem stirnrunzelnden Gott stand, der ihm sagte: »Dieses Leben gab dir alle Probleme und Chancen, an dir selbst zu arbeiten, warum hast du es weggeworfen?« Wer beispielsweise ohne objektive Not von Deutschland nach Australien umzieht in der Hoffnung, dort eine bessere Welt vorzufinden, muss feststellen, dass er alle Probleme, die er hier hatte, auch am anderen Ende der Welt hat – er »nimmt sich selber ja mit« dorthin. Ähnlich verhält es sich mit dem Selbstmörder: Er, d.h. seine Seele, behält im Jenseits alle Probleme, die ihm auf Erden zu schaffen machten, aber das einzige Instrument, das er besaß, um seine Probleme zu lösen, das hat er nun nicht mehr.

Es gibt eine anschauliche Geschichte in dem Zusammenhang: Ein Selbstmörder kommt zu Petrus und sagt ihm, sein Kreuz, das er auf Erden hätte tragen müssen, sei ihm zu schwer gewesen. Da zeigte Petrus ihm Kreuze, große und kleine. Die großen Kreuze, so sagte er, seien zu schwer für ihn, die kleinen aber würden nichts fruchten, da sie für Schwächere gedacht seien, die noch nicht so viel tragen und deshalb noch nicht so viel in einem Leben an Schicksal bewältigen und daraus reifen könnten. Nach vielen Überlegungen wählte der Selbstmörder ein Kreuz aus, das ihm genau angemessen schien. Es war dasjenige, das er bereits bekommen hatte. So wachte er in der Intensivstation einer Klinik wieder auf und begann sein weiteres Leben zu führen – nun weiser als bisher und vor allem dankbarer.

Ein anderes Märchen erzählt die Geschichte vom undankbaren Bauern und dem lieben Gott: Ein Bauer klagte Gott, dass er das Wetter nicht optimal gestalte. Daraufhin gab Gott dem Bauern die Wettergewalt für ein Jahr; und der Bauer achtete darauf, dass es weder Blitz noch Hagel, weder Frost noch gleißende Hitze gab. Die Saat wuchs und wuchs, doch als der Bauer im Herbst ernten wollte, waren die Halme ohne Korn. Er beklagte sich beim lieben Gott, und Gott schmunzelte: »Damit im Getreide der Same heranwächst, braucht es Regen und Sturm, Hagel und Frost!«

So ist es auch mit uns Menschen: Unsere Seelensaat geht nur auf, wenn wir das Leben mit allen Reibungen und Facetten, die es bringt, annehmen. Freud und Leid sind wohl ausgewogen, damit wir daraus lernen. Gäbe es keine Schmerzen, gäbe es kein Lernen. Erst wenn wir so stark in der Demut sind, dass wir nur noch Gottes Willen durch uns geschehen lassen wollen, gehen wir mehr und mehr den Weg der Freude und können auf den Nachhilfelehrer Schmerz verzichten.

»Danke Gott, wenn er dich presst,
und dank ihm, wenn er dich wieder entlässt.«
Goethe

Der Schmerz ist ein wunderbarer Lehrer. Yoga lehrt, den Schmerz anzunehmen, ihn als einen Teil von mir zu sehen und zu erkennen, was er mir zu sagen hat. Dann kann ich dem Schmerz begegnen mit Entspannen, Loslassen, bewussten Körperübungen. Der Schmerz ist eindeutig. Schmerz tut eindeutig weh. So hilft der Schmerz uns im Yoga, eine (innere und äußere) Haltung einzunehmen, die nicht wehtut. Sobald wir die (innere und äußere) stimmige Positionierung gefunden haben, die uns entspricht, erkennen wir diese daran, dass wir schmerzfrei sind, aus uns selbst heraus. Das ist die Gnade des Schmerzes.

Der nachfolgende Sinnspruch voller Dankbarkeit stammt von Eduard Mörike (1804–1875), also aus der christlichen Tradition, doch er repräsentiert die Lehre aller Weltreligionen, beispielsweise auch des Buddhismus, der lehrt, weder am Leid noch an der Freude anzuhaften:

»Herr, schicke, was du willst,
ein Liebes oder Leides;
ich bin vergnügt, dass beides
aus deinen Händen quillt.
Wollest mit Freuden
und wollest mit Leiden
mich nicht überschütten!
Doch in der Mitten
liegt holdes Bescheiden.«

Undankbarkeit ist also eine Kritik daran, überhaupt auf der Welt zu sein. Dabei haben wir uns dieses Leben selbst ausgesucht, wie es u.a. in einem Gedicht (»Das Leben, das ich selbst gewählt«) heißt, welches in verschiedenen

Versionen im Internet kursiert und Hermann Hesse zugeschrieben wird:

»Ehe ich in dieses Erdenleben kam,
Ward mir gezeigt, wie ich es leben würde.
Da war die Kümmernis, da war der Gram,
Da war das Elend und die Leidensbürde.
Da war das Laster, das mich packen sollte,
Da war der Irrtum, der gefangen nahm.
Da war der schnelle Zorn, in dem ich grollte,
Da waren Hass und Hochmut, Stolz und Scham.

Doch da waren auch die Freuden jener Tage,
Die voller Licht und schöner Träume sind,
Wo Klage nicht mehr ist und nicht mehr Plage
Und überall der Quell der Gaben rinnt.
Wo Liebe dem, der noch im Erdenkleid gebunden,
Die Seligkeit des Losgelösten schenkt,
Wo sich der Mensch der Menschenpein entwunden
Als Auserwählter hoher Geister denkt.

Mir ward gezeigt das Schlechte und das Gute,
Mir ward gezeigt die Fülle meiner Mängel.
Mir ward gezeigt die Wunde draus ich blute,
Mir ward gezeigt die Helfertat der Engel.
Und als ich so mein künftig Leben schaute,
Da hört ein Wesen ich die Frage tun,
Ob ich dies zu leben mich getraute,
Denn der Entscheidung Stunde schlüge nun.

Und ich ermaß noch einmal alles Schlimme –
›Dies ist das Leben, das ich leben will!‹,
Gab ich zur Antwort mit entschlossner Stimme.
So war's, als ich ins neue Leben trat,
Und nahm auf mich mein neues Schicksal still.
So ward ich geboren in diese Welt,
Ich klage nicht, wenn's oft mir nicht gefällt,
Denn ungeboren hab ich es bejaht.«

Es liegt einzig und allein an uns, ob wir ein schönes Leben haben oder es uns schwerer machen, als nötig ist. Wie schon im Zusammenhang mit Optimismus und Pessimismus gesagt wurde, vergessen wir, wenn wir darüber diskutieren, ob der (Grals)becher nur halb leer ist oder halb voll, völlig unsere Dankbarkeit darüber, dass überhaupt ein Gral, d.h. unser Körper, vorhanden ist. Wie arm müssen die Geister sein, die keinen Körper bekommen haben! Wie reich sind wir, dass wir das Leben durch eine »Sinn empfindende« Form erfahren dürfen!

Von Jean-Paul Sartre (1905–1980) gibt es ein Stück, welches *Das Spiel ist aus** heißt und das uns auf eine ganz andere Art zeigen kann, wie dankbar wir für unser Erdenleben sein müssten. Ich möchte es nachfolgend modifiziert und zusammenfassend wiedergeben:

Ein Mann und eine Frau treffen sich in der Hölle. Dort gibt es alle materiellen Güter, alles, was man sich denken kann, nur eines nicht: Die Menschen können nichts empfinden. Man sagt, dass die Seele, sobald sie

* Vgl. Jean-Paul Sartre: *Das Spiel ist aus*, Reinbek 1997.

nach dem Tod vom Körper befreit ist, alles um sich herum kreiert, woran sie auch nur denkt, nur Sinnesempfinden und das Erlernen von weiterer Tugend seien ihr im Jenseits unmöglich. So also ist die Hölle. Unsere beiden in der Geschichte entdecken einen Höllenparagraphen, dem getreu zwei Menschen, die füreinander bestimmt waren, eine Chance haben, noch einmal auf Erden zurückzukehren, um die Liebe zu verwirklichen, wenn sie bei ihrer letzten Inkarnation keine Chance dazu hatten. Der Höllenfürst schaut in sein Höllenbuch und stimmt zu: Die beiden dürfen zurück auf die Erde und haben 24 Stunden Zeit, um sich und die Liebe zu finden.

Zurück auf der Erde, ist sie eine Kurtisane, er ein Revolutionär. Immer wieder suchen die beiden, zueinander zu kommen, um die Liebe zu verwirklichen, doch sie ist in ihre Beziehungen verstrickt, er in seine Revolution. Und so tickt die Uhr Minute für Minute. Kurz vor Schluss machen die beiden eine verzweifelte Anstrengung, einander zu erkennen und die Liebe zu finden, doch der Gongschlag ertönt – es ist zu spät, das Spiel ist aus!

Wir sind hier, um lieben zu lernen und um zu danken. Stattdessen beklagen wir uns über das Leben im Allgemeinen und immer wieder über Kleinigkeiten, etwa wenn die Heizung einmal ausfällt oder wir im Stau stehen. Sehen Sie es doch einmal so: Wir bringen keine Dankbarkeit auf dafür, dass überhaupt ein Stau da ist – und Menschen existieren …

G.K. Chesterton (1874–1936), der u.a. durch seine

»Father-Brown«-Romane bekannt wurde, schrieb einmal: »Der ärgste Augenblick für einen Atheisten ist der, wenn er das Gefühl hat, danken zu müssen, aber nicht weiß, wem.« Dankbarkeit ist eigentlich immer Dankbarkeit Gott gegenüber. Und Undankbarkeit gegenüber unserem Nächsten ist auch Undankbarkeit gegenüber Gott, denn alles ist eins, Gott ist die Summe von »allem, was ist«. Wir können nicht in der tantrischen Vereinigung erleben wollen, dass Gott/die Göttin sich durch den Liebespartner zeigt, ihn aber danach schlecht behandeln und undankbar sein dafür, dass er nicht dies und jenes für uns tut.

Dankbarkeit lässt sich lernen, aber nicht erzwingen. Dankbarkeit liegt nämlich der Gnade näher als dem Eigenwillen. Für so vieles, was uns durch »Fügung« geschieht, empfinden wir einen »Ego-Anspruch«, statt zu erkennen, dass Gott/die Schicksalsgöttinnen uns dieses zugespielt haben. Wir leiden an fehlender Dankbarkeit und der daraus resultierenden Hingabe, dem daraus resultierenden »ungelebten Leben«. Denn Dankbarkeit und Hingabe bedingen einander.

Der »Bergschriftsteller« W.H. Murray (1913–1986) schrieb zum Thema Hingabe (dem »Sich-Einlassen«) Folgendes:

> »Bis du dich voll auf etwas einlässt, gibt es noch dieses Zögern, diese Möglichkeit, es dir anders zu überlegen, wodurch du nicht wirklich effektiv bist. In Bezug auf jeden Akt der Initiative und der Schöpfung gibt es eine grundlegende Wahrheit, die du unbedingt berücksichtigen solltest. In dem Moment, in

dem du dich wirklich auf etwas einlässt, fängt auch die Vorsehung an, für dich zu arbeiten. Du löst durch deine Entscheidung einen ganzen Strom von Ereignissen aus. Unvorhersehbare Zwischenfälle, ungeahnte Begegnungen und materielle Hilfen, die du nie für möglich gehalten hättest, wenden sich plötzlich zu deinen Gunsten.«*

Man kann drei Grundtypen von Menschen unterscheiden: Der eine betet zu Gott (oder den Schicksalsgöttinnen bzw. der *einen* Kraft), dass er seine Wünsche erhört, und ist frustriert, wenn Gott es nicht tut. Der andere verflucht Gott oder leugnet ihn, weil Gott nicht wie »Butler James« macht, was man von ihm will. Der dritte überlässt Gott bzw. den Schicksalsgöttinnen weise die Fügung über das eigene Leben und erfährt so täglich mehr und mehr über die Lebenszusammenhänge und wird ein bewusster Mitgestalter am »großen Plan«. Nur Letzterer wird Dankbarkeit empfinden.

Eine jüdische Parabel soll dies aus einer anderen Perspektive beleuchten: Es geschah einmal, dass drei Rabbiner vom Erzengel in die höheren Himmel erhoben wurden und das Rad des Hesekiel** zu Gesicht bekamen. Der eine verlor darüber den Verstand und landete im Irrenhaus. Der zweite begann, über das Rad des Hese-

* Zitiert nach Paul McKenna: *Ein neues Leben in 7 Tagen*, München 2005.

** In der Vision des Hesekiel (Hes. 1, 4ff; 17ff.) ist von mit Augen versehenen Rädern die Rede, die gleichzeitig stillstehen und laufen (als Symbol für dynamische Kraft und Allwissenheit).

Übung: Dankgebet mit Kindern

Beten Sie, wenn Sie möchten, mit Ihrem Kind den folgenden Kindervers:

»Lieber Gott, ich danke dir,
dass du bist mit mir jetzt und hier.
Du gibst immer auf mich Acht
und bist bei mir Tag und Nacht.
Dir erzähl ich meine Sorgen,
du vertreibst sie dann bis morgen.
Du hast mich lieb und bist bei mir.
Lieber Gott, ich danke dir.«

kiel zu predigen und verfluchte alle Menschen, die ein untugendhaftes Leben führten – er wurde eines Tages als Dogmatiker verfolgt. Der dritte wurde bescheiden und begann in seinem Garten Blumen zu pflanzen und täglich dankbar ein Loblied auf den Herrn zu singen. Er als Einziger konnte sein Glück ertragen.

Wir empfinden es als selbstverständlich, dass der Ober den Kaffee bringt (schließlich wird er ja dafür bezahlt), dass die S-Bahn mal pünktlich ist, ja, sogar die Geburt unserer Kinder sehen wir als Resultat eigener Leistung. Doch was uns mit dem Geschenk eines Kindes an Liebe entgegenkommt, können wir gewiss nicht »selbst erfunden« haben.

> »Es kann schließlich jeder Heu machen,
> wenn Gott das Gras wachsen lässt.«
> *Karl Waggerl*

Wir sind Leben, und im Liebesakt und der Fürsorge geben wir das Leben, das wir empfangen haben, in Liebe, Dankbarkeit und Demut an die nächste Generation weiter. So ließ Khalil Gibran (1883–1931) den »Propheten« sagen: »Eure Kinder sind nicht eure Kinder. Sie sind die Söhne und Töchter der Sehnsucht des Lebens nach sich selbst.«*

Einer meiner Freunde hatte sich vor Jahren einmal beim Skilaufen den Knöchel so sehr verstaucht, dass ihn jeder Schritt schmerzte. Die Verletzung zwang ihn, sich zentimeterweise zum Hotel hinzutasten. Er stellte fest, dass, wenn er ganz, ganz langsam ging, ihm das Gehen nicht wehtat. In diesem Augenblick überkam ihn eine große Dankbarkeit dafür, dass er überhaupt gehen konnte, die sein Leben nachhaltig beeinflusste.

Wer eine Krebserkrankung oder den Holocaust (wie z.B. der bereits erwähnte Viktor E. Frankl) überlebt hat, ist dankbar dafür, dass er überhaupt lebt. Zur Dankbarkeit gehört also das Wissen, dass all unsere Lebensumstände auch völlig anders sein könnten. Oft merken wir erst durch die Erfahrung des Gegenteils, was eine Sache wert ist. Die Gesundheit ist nie kostbarer als dann,

* Khalil Gibran: *Der Prophet. Im Garten des Propheten*, München 2005.

wenn Krankheit droht. So gibt es viele Dinge, die uns besonders berühren, nachdem wir sie eine Zeit lang vermisst haben: die ersten Kräfte nach einer langen Krankheit, die ersten Sonnenstrahlen nach einem verregneten kalten Tag, die ersten Krokusse im Frühjahr.

Dankbarkeit gegenüber dem Leben ist ein Ausdruck dafür, dass wir uns in einen umfassenden Lebenszusammenhang eingebettet wissen und uns bewusst sind, dass es eine Intelligenz im Leben gibt, die umfassender ist als unser kleiner rationaler Verstand. Wer allerdings nur nach einer großen Not Dankbarkeit empfinden kann, der zwingt dadurch das Schicksal, immer wieder Not zu produzieren, damit man wieder Dankbarkeit empfinden kann. So eine Haltung erinnert an die eines Menschen, der täglich mit dem Kopf gegen die Wand rennt und sich dann darüber freut, wie schön es ist, dass der Schmerz nachlässt. Dankbarkeit auch dann, wenn es uns gut geht, ist also ein zuverlässiger »Immunschutz« gegen unnötiges Leid.

Je künstlicher wir leben, umso mehr rückt die Liebe zur eigenen und äußeren Natur aus dem Blickfeld, der Sinn der Dankbarkeit, wie sie z. B. im ursprünglichen Erntedankfest zum Ausdruck kam, geht verloren, und wir werden dadurch seelisch heimatlos.

Dankbarkeit ist eine der angenehmsten, aber nicht die leichteste Tugend. Denn dazu gehört die Fähigkeit, Gegebenes nicht als Rechtsanspruch zu betrachten, so als müsste die ganze Welt sich nur um uns drehen, sondern als freiwillig gegebenes Geschenk. Dankbarkeit verbin-

Übung: Danke

Suchen Sie sich aus dem nachfolgenden bekannten Lied des evangelischen Theologen und Kirchenmusikers Martin Gotthard Schneider *eine* Passage aus und wiederholen Sie diese immer wieder in Gedanken so wie ein Mantra. Wenn Sie beispielsweise um Ihre Arbeit bangen, dann wiederholen Sie in Gedanken immer wieder: »Danke für diese Arbeitsstelle« – dadurch verwirklichen Sie eine positive Lebenseinstellung zu dem jeweiligen Bereich. Wenn Beziehungen Ihr Thema ist, wählen Sie die Passage für die Freunde – oder erfinden Sie einen eigenen Sinnspruch.

»Danke für diesen guten Morgen,
danke für jeden neuen Tag,
danke, dass ich all meine Sorgen
auf dich werfen mag.

Danke für alle guten Freunde,
danke, o Herr, für jedermann,
danke, wenn auch dem größten Feinde
ich verzeihen kann.

Danke für meine Arbeitsstelle,
danke für jedes kleine Glück,
danke, für alles Frohe, Helle
und für die Musik.

Danke für manche Traurigkeiten,
danke für jedes gute Wort,

danke, dass deine Hand mich leiten
will an jedem Ort.

Danke, dass ich dein Wort verstehe,
danke, dass deinen Geist du gibst,
danke, dass in der Fern und Nähe
du die Menschen liebst.

Danke, dein Heil kennt keine Schranken,
danke, ich halt mich fest daran,
danke, ach, Herr, ich will dir danken,
dass ich danken kann.

Danke, o Herr, für deine Nähe,
danke, du sprichst zu uns dein Wort,
danke, es leit uns, wo wir gehen,
und an jenem Ort.

Danke, ich kann Verzeihung finden,
danke, ich darf um Gnade flehn,
danke, gedächtest du der Sünden,
könnt ich nicht bestehn.

Danke, dass du uns eingeladen,
danke, du hast uns reich genährt,
danke für diese vielen Gnaden,
deren wir nicht wert.

Danke, du gabst dich mir zur Speise,
danke, ich hörte jetzt dein Wort.
Danke, auf wunderbare Weise
hilfst du immerfort.

Danke für diese Abendstunde,
danke für den vergang'nen Tag;
danke, aus meines Herzensgrunde
ich dich preisen mag.

Danke, dass du des Himmels Sterne,
danke, dass du die Welten lenkst;
danke, dass du auch mir nicht ferne
und an mich stets denkst.

Danke, du sandtest mir heut Freuden,
danke, sie stärkten meinen Mut;
danke, o Herr, auch für die Leiden,
denn du meinst es gut.

Danke für diese schönen Stunden,
danke für diesen ganzen Tag;
danke, dass du mich hast gefunden
heut in Freud und Plag.

Danke, denn du bist meine Stärke,
danke, ich konnte Gutes tun;
danke, du gabst mir Kraft zum Werke,
froh kann ich nun ruhn.«

det uns mit dem Leben, öffnet uns für die Lebensflüsse. Dies ermöglicht uns, mehr zu bekommen und mit weniger auszukommen.

Das Grimm-Märchen vom Fischer und seiner unersättlichen Frau »Ilsebill« zeigt uns: Wie arm ist doch der Materialist, der immer mehr will und dennoch immer weniger genießt. Und wie reich ist jemand, der mit dem Lebensnotwendigen glücklich ist.

Manchmal liest man sogar von Milliardären, die ganz bescheiden leben und einen Großteil ihres Vermögens für soziale Projekte einsetzen. Wer bescheiden ist, braucht keinen Prunk und Protz, denn er ist ja »innen reich«. Nur wer »innen arm« ist, versucht, dies ständig durch äußeren Luxus zu übertünchen, etwa nach dem Motto: »Du hast Depressionen? Geh doch hin und kauf dir was!«

Kann man anders, als der Sonne dafür dankbar sein, dass es sie gibt? Oder dem Vogel, der uns morgens kostenlos ein Liedchen trällert. Alles wirklich Große gibt uns das Leben »umsonst«; und das meiste von dem, was wir teuer erkaufen müssen, lässt uns unbefriedigt zurück. Ob wir Befriedigung finden oder nicht, ist keine Frage der Lebensumstände, sondern der Dankbarkeit. Wenn Jesus sagt, eher gehe ein Kamel durch ein Nadelöhr, als dass ein Reicher in den Himmel komme*, predigt er damit nicht die materielle Armut, sondern die »Schlichtheit des Gemüts«, ohne die wir nicht frei werden können.

Dankbarkeit bringt uns in die Gegenwart. Wer dankbar lebt, muss nicht dem nachtrauern, was war oder was hätte sein sollen – er erkennt das Trauern als Frevel an dem, was ist. Er vergleicht auch nicht den bestehenden Partner mit dem früheren, sondern ist dankbar, dass er einen Partner hat, und sucht, das Beste aus dieser Beziehung zu machen. Dankbarkeit ermöglicht es

* Vgl. Matth. 19, 24.

uns auch, loszulassen. Wenn es einen guten Weg gibt, eine alte Beziehung zu beenden oder auch einen sterbenden Menschen loszulassen, dann ist es derjenige der Dankbarkeit für das, was war. Denn alles andere lässt uns unbefriedigt zurück. Wer grundsätzlich dankbar ist, kann auch zulassen, dass er von dem Posten eines Ministerpräsidenten zurücktreten muss – und sich neuen, vielleicht sogar höheren Aufgaben widmen kann. Statt sich vom Schicksal verstoßen zu fühlen, lernt man so am Ende einer mehr oder weniger glückhaften Periode »dankbares Abdanken«! Wenn wir richtig »abgedankt« haben, gehört uns das, was uns im Blick auf Vergangenes mit dankbarer Erinnerung erfüllt, über den Tod hinaus. Weder die Zeit noch das eigene Dahinscheiden kann ungeschehen machen, was man Schönes erlebt hat.

Übung: Überwältigende Hingabe

Vergegenwärtigen Sie sich die folgenden Verse (»Doha«) des tibetischen Lama Chökyi Gyatsu, bewegen Sie sie im Herzen und spüren Sie es, wenn Sie jedes der nachfolgenden Worte innerlich so nachvollziehen, als hätten Sie selbst die Erfahrung gemacht:

»Während ich unverwandt auf die große östliche Sonne* blicke

* Die angenehm nährende große östliche Sonne ist eine Umschreibung für das orangerote Licht, das wir in der inneren Welt wahrnehmen, und entspricht einem bestimmten, erhabenen Bewusstseinszustand.

Und mich des einzigen Vaters und meines Meisters* erinnere,
Lodert überwältigende Hingabe auf wie ein Freudenfeuer,
Ich – bleibe allein.

Nachdem meine Herzensfreunde mich verlassen haben
Und obwohl mein fiebernder Geist große Sehnsucht verspürt,
Freue ich mich daran, von der großen Zuversicht
Des einzigen Vaters und meines Meisters und der großen östlichen Sonne getragen zu sein.

Ich habe die Schönheit des Nebels auf dem Berghang gesehen,
Die Kiefern, die sich sanft im Wind wiegen,
Und die feste Kraft der steinharten Erde –
All dies erinnert mich an die Pracht und die Schönheit
Des einzigen Vaters und meines Meisters und der großen östlichen Sonne.

Wilde Blumen sind ausgestreut über Bergwiesen,
Voll des süßen Duftes wohlriechender Kräuter.
Wenn ich die sanften Rehe hierhin und dorthin springen sehe,
Erinnert mich all das an das Erbarmen und die Sanftheit

* Mit »Meister« bezeichnet der Dichter seinen geistigen Lehrer, der den Weg zum höheren Bewusstsein bereits kennt.

Des einzigen Vaters und des Meisters und der großen östlichen Sonne.

Im Kampf mit Feinden* in den Abgründen von Liebe und Hass,
Der Waffe Schneide aus Freude und Leid, Hoffnung und Furcht geschärft,
Seh ich sie wieder und wieder, diese feigen Horden**,
Und nehme Zuflucht zur alleinigen Zuversicht
Des einzigen Vaters und meines Meisters und der großen östlichen Sonne.

Vaterlos***, lebe ich stets in fremden Ländern,
Mutterlos, niemand, der die Sprache meines Landes spricht,
Ohne Freude mit Tränen, die meinen Durst nicht stillen,
Die Krieger der Vater- und Mutterlinie erinnernd,
Lebe ich nun im alleinigen Segen
Des einzigen Vaters und meines Meisters und der großen östlichen Sonne.

* Mit Feinden sind hier in erster Linie innere Feinde gemeint, also Bosheit, Egoismus usw.

** Der Dichter deutet damit an, dass Mut sämtliche Feinde vertreibt, da die Unbewusstheit feige ist.

*** Vaterlos zu leben, bedeutet, das Leben vorüberziehen zu lassen, ohne jemals eine spirituelle Berührung mit der Quelle (Licht, Satori) gehabt zu haben. Mutterlos zu leben, bedeutet, nie die »Einheit allen Seins« (Liebe, Erwachen) bewusst erfahren zu haben. Die Passage kann aber auch umgekehrt verstanden werden, in dem Fall bedeutet sie, dass der Erleuchtete/Erwachte aufgrund seiner nun spirituellen Wurzeln nicht mehr die Sprache des Materialismus spricht und sich angesichts einer Welt untergeordneter Werte heimatlos und fremd vorkommt.

Dankbarkeit und die Kraft, die von ihr ausgeht

Im Japan des letzten Jahrhunderts gab es einen spirituellen Sucher namens Ishin Yoshimoto-Sensei (1926–1988). Seine Sehnsucht nach dem Erwachen war so groß, dass er sich der so genannten Mishirabe-Übung unterzog, die auf die Meditation des historischen Buddha zurückgehen soll. Nach mehreren Versuchen erlangte er schließlich die Erleuchtung.

Als ein dem Leben zugewandter Mensch suchte Yoshimoto-Sensei von da an nach einer praktischen Methode, die Menschen jeder Glaubensrichtung offen stehen sollte, um auch die »große Befreiung« zu erfahren. Er nannte sie schon zu Beginn seiner Forschungen »Naikan«, was so viel bedeutet wie »Innenschau«. Im Jahre 1968 war seine Methode ausgereift. Von da an trat Naikan seinen Siegeszug um die Welt an. Mittlerweile wird Naikan bei der Rehabilitation Strafgefangener ebenso eingesetzt wie in Retreats* von Topmanagern, in der Therapie ebenso wie in der Partnerschaftsberatung.**

Die Technik von Naikan ist eigentlich sehr einfach. Aber man muss sie konsequent und tief im Herzen anwenden, sonst verpasst man den springenden Punkt. Naikan wird üblicherweise in Retreats geübt, doch man kann diese Technik auch daheim anwenden. Ihre Wir-

* Der englische Begriff *retreat* bedeutet »Rückzug, Exerzitien«. Damit ist der mehrtägige Rückzug an einen ruhigen Ort gemeint, um zum Teil unter Anleitung intensiv zu meditieren.

** Quelle: Kassettenaufnahme eines Vortrags von Yoshimoto-Sensei; vgl. Gregg Krech: *Die Kraft der Dankbarkeit*, Berlin 2003; s. a. www.naikan.de.

kung ist gewaltig. Sie erzeugt eine ungeheure Dankbarkeit, wenn man einmal den Schlüssel gefunden hat.

Hier in Kurzform die Technik: Denken Sie an eine Person, an welche derzeit sehr viel Ihrer Energie gebunden ist, gleich, ob negativ oder positiv: den Partner, Kollegen, Nachbarn, die Kinder. Prüfen Sie sich selbst in Bezug auf folgende drei Fragen, welche die bzw. Ihre Welt verändern können*:

1. »Was hat … für mich getan?«
2. »Was habe ich für … getan?«
3. »Welche Schwierigkeiten habe ich … bereitet?«

Sie können die Fragen auch leicht abwandeln, z. B. »Woran erinnere ich mich, was … für mich getan hat?«, »Woran erinnere ich mich, was … von … bis … für mich getan hat?«, »Woran erinnere ich mich, was … für mich getan hat, welche Schwierigkeiten ich … bereitet habe?« usw.

Frage drei fordert Sie dazu auf, sich in die andere, betreffende Person hineinzuversetzen. So wird Ihnen klar, worin die Schwierigkeiten lagen, die Sie ihr bereitet haben.

Eine vierte Frage wie »Welche Schwierigkeiten haben die anderen bzw. hat der andere mir bereitet?« wird *nicht* gestellt. Gerade dies macht den »Naikan-Effekt« aus.

Naikan wird auch beschrieben als »Sich über Lügen

* Vgl. z. B. Detlev Bölter: *Drei Fragen, die die Welt verändern. Die Naikan-Methode im Kontext mit Spiritualität und Psychotherapie*, Bielefeld 2004.

und Stehlen zu überprüfen«. Seien Sie deshalb ehrlich zu sich und den anderen – es geht hier nicht darum, ein besserer (oder schlechterer) Mensch sein zu wollen, als Sie sind.

Am besten fangen Sie mit den frühesten Erinnerungen an. Sie werden sich nicht ohne bestimmte Übungen an Ihre Geburt erinnern können, aber schon für diesen Prozess können Sie die erste Frage stellen, wenn Sie mit Ihrer Mutter beginnen. Stellen Sie die drei Fragen dann, indem Sie sie an Ihren Vater, danach an Ihre Geschwister einsetzen. Wichtig ist es, dass Sie die Erinnerung im Herzen bewegt, nicht im Verstand. Es geht also nicht darum, möglichst viele und kluge Dinge aufzuschreiben, sondern die Frage wie eine Art Scheinwerfer zu verwenden, der Ihnen hilft, tief in sich selbst hineinzuleuchten. Benutzen Sie die drei Fragen für einen stillen Spaziergang oder begeben Sie sich zu Hause in die Stille (verwenden Sie eventuell Ohropax), und zwar für eine festgelegte Zeit (Sie können einen Timer verwenden). Nehmen Sie sich beispielsweise für jede der drei Fragen 15 Minuten. Lassen Sie die Fragen ihre Arbeit tun. Ein Segen ist es, wenn Sie einen Coach an der Seite haben, der Ihnen (vielleicht sogar mit geschlossenen Augen) zuhört und auch Ihr Schweigen erträgt, wenn Sie nachsinnieren. Dadurch haben Sie die Chance, dass auf Ihre Authentizität geachtet wird.

Hier meine Empfehlung zur Vorgehensweise: Bewegen Sie die Frage immer wieder im Herzen, lassen Sie diese tief einsinken und die Fakten aus Ihrer Tiefe aufsteigen. Wenn Sie sich die Frage nur im Kopf stellen, verpassen Sie den springenden Punkt. Benutzen

Sie die Fragen wie ein inneres Gebet – und Ihre Beziehung(en) wird/werden sich erneuern und eine Frische erreichen wie noch nie. Vermischen Sie die Fragen nicht, sondern bleiben Sie bei einer Frage so lange konzentriert, bis Sie spüren, dass Ihr Herz durch diese Frage berührt wurde.

In der praktischen Anwendung des Naikan ist es wichtig, dass Sie sich an konkrete Tatsachen erinnern. Allgemeine Floskeln wie »Er war immer gut zu mir« zielen am Ergebnis vorbei. Es kommt tatsächlich darauf an, welche Fakten Sie finden, dass Sie sich mit den Fragen prüfen und den inneren Kommentar abschalten. Es geht um Fakten, aber zugleich sollten Sie fühlen, was es mit Ihnen emotional macht, sich diese Fakten zu vergegenwärtigen, es nicht beim Faktenaufzählen belassen. Wenige, tief gefühlte Tatsachen sind hierbei besser als unzählige – es geht um Qualität, nicht um Quantität. Wortloses Verstehen ist das Zeichen dafür, dass etwas erkannt wurde!

Um ganz konkret werden zu können, ist es gut, Ihre Erinnerungen aufzuteilen in Personen und Zeiträume, z.B. die Dauer Ihrer Kindheit bis zum Auszug aus dem Elternhaus oder die Dauer Ihrer ehemaligen Beziehung. Um in die Energie des Zeitraums von damals zu kommen, versetzen Sie sich am besten gedanklich in die Zeit, holen Sie sich ein inneres Bild von einem guten Moment innerhalb dieser Periode und aktivieren Sie darin alle Sinne.

Beim Naikan geht es nicht darum,

- auf *das »Ego«* einzuwirken, sondern es zu ignorieren; es wird kein Ego abgebaut, das Ego ist einfach nicht von Interesse;
- *Gefühle zu analysieren*, sondern ihre Realität zu prüfen;
- dass *der andere* Ihr Leben *versteht*; sondern zu vergeben, da die Trennung von »ich« und »du« eine Illusion ist; man ist Bestandteil eines gemeinsamen Prozesses;
- anderen weniger Schwierigkeiten zu machen oder mehr zu geben, sondern zu nehmen, was vom anderen gegeben wird, und dabei Dankbarkeit zu erfahren.

Im Laufe der Naikan-Sitzung erkennen wir, welche Schwierigkeiten wir anderen durch unser »Dasein« bereitet haben. Jemand, der in eine Ehe einbricht, erkennt beispielsweise, dass er dadurch der Familie Schwierigkeiten gebracht hat. Doch es geht nicht darum, Schuldgefühle zu haben und an ihnen zu ersticken. Unser »Dasein« macht notwendigerweise anderen Schwierigkeiten, selbst dann, wenn wir uns bemühten, kein Insekt zu zertreten, und mit Mundschutz herumliefen, damit wir nicht versehentlich eine Obstfliege, die in uns hineinfliegen könnte, töten … Die Schuld wird ohne Schuldgefühle in Demut und Dankbarkeit akzeptiert und trägt die Kraft zum Handeln in sich. Sie kann als Teil des Lebens getragen werden.

Naikan macht uns klar, dass wir die Welt falsch, nämlich zugleich undankbar und mit Schuldgefühlen beladen, gesehen haben. Um diese Fehlinterpretation zu erkennen, müssen wir wieder zur Stufe des reinen Beobachters zurückkehren, reiner Zeuge sein und dies beschreiben.

Ihre Wirklichkeiten bergen einen hilfreichen wie einen blockierenden Aspekt. Die Beziehungen zu Menschen sind das Wichtigste, dort beginnt unsere Heilung. Das, was Sie durch Ihre Rückerinnerungen erfahren haben, sollte nicht rational interpretiert werden. Es ist, wie es ist:

Keine Deutung, kein Rat,
deshalb kein Widerstand.

Übung: Naikan praktizieren

- Führen Sie die Naikan-Fragen für Ihren Partner oder Ihre Mutter durch – und wenn Sie damit gut zurechtgekommen sind, für jeden Menschen und jedes Thema, die Ihnen in Ihrem Alltag begegnen.
- Machen Sie Naikan in Bezug auf Ihren Körper, Ihre Talente, Geld, Chefs, sämtliche Beziehungen und das Leben selbst.
- Unterstützen Sie sich mit Ihrem Partner gegenseitig im Naikan, z. B. jeden Abend vor dem Schlafengehen.
- Machen Sie Naikan als Familien- oder Gruppenmeditation. Hierbei sinniert jeder für sich (ohne zu sprechen) und spricht danach reihum oder nach Wortmeldung aus, was er entdeckt hat.

Naikan ermöglicht die Rückkehr aus einer bisher unbemerkten egozentrischen Absonderung in das große Ganze. Die Naikan-Fragen aktivieren mit fortlaufendem Üben ein Bewusstsein, das sich nicht vom Nervensystem begrenzt sieht, sondern es als sein Werkzeug erkennt. Die drei Fragen führen zu der Erkenntnis, wie wir Wahrnehmung in Bewusstsein umsetzen.

Beim Naikan geht man davon aus, dass der Einzelne allein verantwortlich ist für sein Denken und Handeln, weder die Umwelt noch Gene oder die Eltern werden als mitverantwortlich betrachtet. Die drei Fragen rücken die Geschehnisse in ein anderes Licht. Sie fühlen mit allen Zellen, dass Sie alles bekommen haben, was möglich war, weil alle das gegeben haben, was sie vermochten.

Durch Naikan lerne ich, dass *ich* verantwortlich dafür bin, wie ich meine Geschichte sehe. Wie wäre es, wenn die Geschichte, die ich über mich und mein Leben geglaubt habe, nicht wahr wäre? Es ist immer nur mein »kleines Ich«, das die Liebe anders will, als ich sie bekomme. Ich erkenne, dass völlig andere Wahrnehmungen meiner Vergangenheit in mir vorhanden sind, wenn ich das Prisma bzw. den Zoom anders einstelle. Ich erlebe durch Naikan, dass ich nicht das Objekt meiner Geschichte bin, sondern sie als Subjekt konstruiere durch die Geschichte, die ich daraus mache. »Finde eine heilere Geschichte!« bedeutet: Wir konstruieren unsere Welt selbst durch unsere Bewertungen. Es ist also nie zu spät, eine gute Vergangenheit gehabt zu haben …:

- Ich stelle schlichtweg fest, dass ich *mich geirrt* habe, dass meine Mutter/mein Vater/Lover mich tatsächlich liebten, nur eben so, wie diese Menschen es vermochten.
- Ich sehe, wie viel *Nahrung überall* ist, sobald ich es aufgebe, mich wie ein gekränktes Kind zu verhalten, das einen Keks verweigert, weil es das ersehnte Eis nicht bekommt.
- Die Naikan-Erfahrung bietet mir *Lösung*, *Öffnung* und vor allem *Dankbarkeit* dafür, dass die anderen mich trotz meiner Fehler mögen.

Gedankenhygiene (Psychohygiene)

Alles, womit wir in Kontakt kommen, ist nichts anderes als verwirklichte Energieformationen. Erst wenn etwas geistig existiert, kann es in der materiellen Welt in Erscheinung treten. Die Quantenphysik ist sich hier mit dem modernen Buddhismus einig: Materie als solche existiert nicht. Es existiert nur ein gewaltiger, meist leerer, informierter Raum. Die Wissenden sagen: Materie ist nur eine unterschiedliche Erscheinungsform von Energie. Die Kraft des Universums ist neutral. Sie wird durch das individuelle und kollektive Bewusstsein geprägt. Ich kann durch mein Bewusstsein diese Energie prägen und verändern. Energie geht nie verloren, sie wechselt nur ihre Erscheinungsform.

Vielleicht kann ich nicht glauben, dass ich Materie aus dem Nichts erschaffen kann. Aber ich kann glauben, dass ich durch mein »Sosein« genau die Lebensumstände anziehe, die mit meinem bewussten und unbewussten Denken und meinen Geisteshaltungen zu tun haben. Hierbei ziehe ich auch die Lebensumstände an, von deren Resonanz zu mir ich keinerlei Ahnung habe. So wie ein Spiegel mir auch Falten zeigt, wenn ich nicht an sie glauben sollte. Und durch mein »Sosein« verändere ich auch das kollektive Feld, in dem ich lebe, ob ich mir dessen bewusst bin oder nicht. Die Lebensumstände sind ein Spiegelbild meines Seins. Ich kann sie nur ändern, indem ich mich ändere.

Positives Denken bedeutet in dem Zusammenhang wieder einmal mehr, das Leben erst einmal so anzunehmen, wie es ist. Denn hätte es anders sein sollen, dann wäre es anders. Positives Denken bedeutet, das Gute, Aufbauende, Hilfreiche, Mögliche, eben das Potenzial in dem so genannten Negativen zu erkennen. Zu erkennen, dass nichts im Leben mir wirklich schaden kann. Mein ewiges wahres Selbst ist unberührt von Geburt, Altern, Krankheit und Tod. Alles ist in Ordnung und ist gut so, wie es ist. Auch das scheinbar Unvollkommene ist momentan vollkommen in Ordnung. Morgen werde ich vielleicht einen Schritt weiter sein. Aber für heute bin ich o.k. Ich gebe täglich mein Bestes – und mehr als sein Bestes kann ohnehin niemand geben. Dies ist der vollkommenste Weg zur Vollkommenheit!

Gedanken sind eine ganz entscheidende Form, geistige Energie auszudrücken, weitere Formen sind Worte, Taten, unbewusst ablaufende Programme, um nur einige zu nennen. Gedanken, die dem authentischen Sein entspringen, also nicht aufgesetzt sind, sind für mich wirkende Energie. Sie sind wie das Licht dämmrig oder strahlend, gebündelt oder diffus, gerichtet oder ungerichtet. Je gebündelter und ausgerichteter unser Bewusstsein ist, desto heller ist es, und desto mehr Kraft hat es. Und doch wird »positives Denken« oftmals falsch verstanden. Es reicht nicht aus, sich Positives einzureden, wenn die Lauterkeit des Herzens fehlt. Dennoch ist Gedankenhygiene einer der entscheidenden Schlüssel zum Lebenserfolg. Wie ich über einen Menschen denke, bestimmt zu einem großen Teil den Verlauf meiner Beziehung zu ihm.

Die meisten Gedanken sind leider negativ, nicht, weil die Welt so schlecht ist, sondern weil wir so unbewusst sind und immer wieder auf die Versuchung des Negativen (des Negierens) hereinfallen. Überprüfen Sie einmal, wie oft Sie innerlich gegen »das, was ist«, die Faust heben, rebellieren oder deswegen depressiv werden bzw. resignieren…!

Positives Denken – in dem Sinne, wie es zu Beginn dieses Buches beschrieben wurde – bedeutet, mit »allem, was ist«, wertneutral umzugehen und sich immer wieder zu reinigen von negativen Gedankenketten – dann kommen die positiven Gedanken irgendwann ganz von allein.

Was können Sie nun tun, wenn Sie sich von negativen Gedanken und Emotionen umlagert fühlen? An dieser Stelle sollen vier Möglichkeiten angesprochen werden, damit umzugehen:

1. *Vipassana-Meditation:* Bei der Vipassana-Meditation erleben Sie sich als reinen Zeugen von »allem, was ist«.

Sie nehmen Ihre Gedanken, Gefühle, Muster wahr, ohne sie auszuagieren. Stattdessen konzentrieren Sie Ihre Aufmerksamkeit auf Ihren Atem. Wenn Sie auf diese Weise beispielsweise eine Stunde meditieren, werden Sie erleben, dass vieles Negative von Ihnen abfällt – einfach weil Sie ihm keine Beachtung mehr schenken. Ihre Aufmerksamkeit ist auf etwas Positives gerichtet: Ihren Atem.

2. *Gebet oder Mantra-Meditation:* Hierbei konzentrieren Sie Ihre Aufmerksamkeit immer wieder auf ein Wort oder eine Aussage, die für Sie die *eine* Kraft, Gott, *das Selbst* verkörpert. Ob Sie einen Rosenkranz beten und dabei das Ave-Maria rezitieren, mehrere Vaterunser oder die Sanskritformel »Om Mani Padme Hum« sagen, ob Sie sich »Gott ist Liebe« vorsprechen oder »Ich *bin*«, ob Sie diese Worte sagen oder mit der »mentalen Zunge« einfach nur immer wieder denken, ist hierbei von sekundärer Bedeutung. Wichtig ist, dass Sie Ihre Aufmerksamkeit von dem Belastenden abziehen und auf etwas Positives, die Existenz, Gott etc. richten. Die Rezitation der Worte wird dabei die negativen Gedankenketten durchschneiden, und Sie werden sich danach frei fühlen. Betrachten Sie nach einem solchen Gebet oder einer solchen Meditation Ihr Problem oder Ihre Situation, wird sich für vieles, was vorher unlösbar schien, eine Lösung zeigen!
3. *Die eigenen Muster erkennen und quasi aus der Hubschrauberperspektive beleuchten und auflösen:* Für diese Methode gibt es zahlreiche Techniken, von der Psy-

chotherapie über NLP* bis hin zur »Phyllis-Crystal-Methode«**. In meinen Büchern, z.B. *Kraftquelle Mentaltraining****, finden Sie eine Auswahl davon.

4. *Regelmäßige Psychohygiene:* Dies bedeutet, sich morgens mental auf den Tag vorzubereiten, sich während des Tages immer wieder auszurichten auf das *eine* Bewusstsein. Abends kontrollieren Sie, ob und inwieweit es Ihnen gelungen ist, sich nach Ihren eigenen Maßstäben zu verhalten und mental umzuerleben, wo es noch nicht optimal gelungen ist (»Wie hätte ich handeln sollen oder können?«). Sehen Sie sich bildhaft, wie Sie anstelle des unstimmigen Verhaltens »richtig« handeln. So haben Sie eine größere Chance, alle unerfreulichen Gedanken, Emotionen, Gefühle, Geisteshaltungen sofort zu reinigen, bevor sie sich festsetzen und später als »Schicksal« in Erscheinung treten können (s. u.).

Geistig-seelische Verunreinigungen sind u. a. nicht aufgelöste Emotionen wie Ärger, Angst, Stress, Sorge, Hast, Schuldgefühle, Aggressionen. Durch abendliches »mentales Umerleben« können alle infizierenden Energien noch einmal gespürt, dann aufgelöst und für die Zukunft ins Gegenteil verwandelt werden, bevor sie potenziell Schaden anrichten. Dazu gehört es auch, jeden

* NLP ist die Abkürzung für »Neuro-Linguistisches Programmieren«. NLP beschreibt die Regeln, nach denen unsere Kommunikation funktioniert. Es ist ein Modell, das Anfang der 80er Jahre aus der Beobachtung erfolgreicher Kommunikationsprofis entwickelt wurde.

** Eine Methode, die die Psychologin Phyllis Crystal in Anlehnung an die Lehren C. G. Jungs entwickelt hat.

*** Vgl. Kurt Tepperwein: *Kraftquelle Mentaltraining*, München 1993.

Menschen so anzunehmen, wie er nun einmal ist, und jedem Wohlwollen, vielleicht sogar Liebe entgegenzubringen.

Ergänzend zur Psychohygiene können Sie noch in das von der jeweiligen Emotion betroffene Organ geistig »hineinlächeln«. Dadurch erweisen Sie Ihrem Körper-Energie-System einen guten Dienst. Nachfolgend deshalb eine Liste der positiven und der negativen Emotionen und deren Lokation in unserem Körper (als Krankheit oder Gesundheit)*:

- Ärger/Zorn – Liebe/Vergebung (Herz),
- Depression – Leichtigkeit (Schilddrüse),
- Druck/Ruhelosigkeit/Ungeduld – Frieden/Harmonie (Harnblase),
- Eifersucht/Bedauern/sexuelle Spannung – Großzügigkeit/Loslassen/sexuelle Entspannung (Kreislauf/Sexus),
- Enttäuschung/Ekel/Gier – Zufriedenheit/verdauen können/Genügsamkeit (Magen),
- Intoleranz – Toleranz (Lunge),
- Kummer/Leid/Traurigkeit – Freude (Dünndarm),
- Misstrauen/Angst – Vertrauen (Milz),
- Schuldgefühle – Selbstachtung (Dickdarm),
- sexuelle Irritation – sexuelle Stimmigkeit (Niere),
- Unglücksgefühle – Glücksgefühle (Leber),
- Wut/Jähzorn – Liebe (Galle).

* Vgl. Diamond, a.a.O.

> »Mit den Gedanken beim Selbst (bei Gott).
> Mit den Händen bei der Arbeit.
> Wer so lebt, der ist unbesiegbar.«
> *Sant Kirpal Singh*

Wenn Gedankenhygiene zur regelmäßigen Gewohnheit geworden ist, haben diese geistig-seelischen Infektionen keine Chance mehr. Das Ergebnis ist seelische Harmonie und eine unerschütterliche Gelassenheit, mit der wir froh durchs Leben gehen.

Imagination

Das Gesetz der Imagination soll an dieser Stelle nur kurz angeschnitten werden.* Die Visualisierung ist ein wichtiger Schritt, der helfen kann, das Ersehnte zu verwirklichen. Im Negativen zeigt sich das in der so genannten Schwarzmalerei bzw. auch z. B. in der Redewendung »den Teufel an die Wand malen«. Wenn Sie sich etwas Ersehntes bildhaft vorstellen können und es immer wieder ins Bewusstsein rufen, steigern Sie dadurch die Wahrscheinlichkeit, dass ebendieses Gewünschte für Sie in Erscheinung tritt. Ihre bildhafte Vorstellung arbeitet also unbewusst für Sie. Die Imagination sollte nicht verkrampft, aber immer wieder ins Bewusstsein gerufen werden. Somit findet auch eine bewusste Kontrolle des

* Mehr darüber finden Sie beispielsweise in meinen Büchern *Wunder vollbringen durch schöpferische Imagination. Mentaltraining in Aktion* (München 2003) oder *Kraftquelle Mentaltraining* (München 1993).

Ist-Zustandes bzw. eine Bewusstseinsausrichtung statt. Das Unterbewusstsein kann trainiert werden. Es ist der Sitz unserer Emotionen und Erinnerungen.

Übung: »Geistige Zitronen«

Stellen Sie sich vor, vor Ihnen läge eine gelbe, saftige Zitrone. In Gedanken nehmen Sie diese und riechen daran. Nun nehmen Sie gedanklich ein Messer, schneiden von der Zitrone ein Stück ab und pressen sie etwas zusammen. Der Zitronensaft fließt über Ihre Hände. Nun riechen Sie an dem Stück. Beißen Sie herzhaft in die Zitrone hinein.
Wahrscheinlich haben Sie dabei verschiedene Körperreaktionen festgestellt, und dies, obwohl Sie gar nicht wirklich, sondern nur in Ihrer Vorstellung in die Zitrone gebissen haben: In Ihrem Mund ist der Speichel zusammengelaufen, Sie haben das Gesicht verzogen, vielleicht erweckte die Vorstellung auch in Ihnen das eine oder andere Gefühl.
So erklärt sich beispielsweise auch der gesteigerte Herzschlag beim Anschauen eines Krimis, obwohl gar niemand »wirklich« umgebracht wird. Ihr Unterbewusstsein kann nicht unterscheiden, ob Sie eine Sache in der Realität oder in der Phantasie erleben. Ebenso wie mit der Zitrone ist es möglich, sich selbst durch Imagination positiv zu beeinflussen. Eine weitere Möglichkeit der Imagination ist das »katathyme Bilderleben«, wie es in der Psychologie üblich ist. Indem Sie ein Problem oder Lebensthema in ein Bild übersetzen, wird deutlich, worum es Ihnen geht und was im Einzelfall zu tun ist.

Liebesbeziehungen

Beziehungen prägen unser ganzes Leben. Wir stehen mit »allem, was ist«, in Beziehung, am engsten mit unserem Partner. Die nachfolgenden »Tipps« sollen Sie darin unterstützen, eine optimale Liebesbeziehung zu verwirklichen. Sie eignen sich zum größten Teil auch für jede andere Art von Beziehung, sei es eine geschäftliche oder freundschaftliche, denn auch dort sollte die Liebe eine entscheidende Bedeutung haben.

Untersuchen wir an dieser Stelle, worauf es ankommt, damit eine Beziehung »gelingt«:

- *Positiv Hinspüren:* Liebende, wenn sie sich begegnen, prallen nicht mit ihren Erwartungen – jeder in eigener Weise programmiert – aufeinander, sondern lassen sich bei jeder Begegnung von Anfang an neu Zeit. Sie schauen, sie stimmen sich ein, sie geben sich die Chance zu spüren, wo der andere gerade ist. Und nur dort, wo der andere gerade ist, können wir ihm auch begegnen.
- *Positives Teilen:* Liebende teilen miteinander die »Freude am Dasein«: »Gut, dass du da bist! Gut, dass ich da bin!« Gelebt wird also nicht der »Kampf ums«, sondern die »Freude am Dasein«! Liebende sprechen das an, was im anderen gut und stimmig ist. Sie treffen einander im Zeitpunkt des *Jetzt*, geben ihre Vorstellungen »an der Garderobe ab« und sind bereit, sich auf den anderen und die Situation einzulassen, »wie sie sind«!
- *Positives Aufwärmen:* Liebende lassen einander Zeit, in

der der andere seinen Charme entwickeln kann, bis beide gesehen haben, in welches der vielen Schlösser, die unsere Seele verschließen oder öffnen können, heute der Schlüssel passt. Für die, die's noch nicht wissen: Der »G-Punkt« der Frau und der Erektionspunkt des Mannes liegen im Ohr …!

- *Positives Interesse:* Liebende sind aufrichtig interessiert – am anderen! Interesse ist aber genau das Gegenteil von »den eigenen Interessen«! Liebende sind neugierig, Liebesunfähige sind gierig.
- *Positive Emotion:* Dies bedeutet, durch Einssein mit »dem, was ist«, in eine positive Emotion zu kommen. Negative Emotionen engen das Denken und damit auch das Verhalten ein; unter dem Einfluss einer negativen Emotion ist im Kopf nur ein Ziel verankert, dann gibt es auch wenig Worte, die der Kopf produzieren kann, der Gierige schreitet uneingestimmt zur Tat – und der Ängstliche zur Flucht.* Wir können nicht muffelig gegenüber dem Partner sein, aber dann erwarten, mit ihm die höchsten Frequenzen der Ekstase zu erreichen. Jeder Vorwurf, jede Mäkelei, jedes Nicht-einverstanden-Sein drückt die emotionale Frequenz herunter. In der Liebe ist es möglich, diese Frequenzbreite zu verschieben. Es gibt Emotionen bis zur Ekstase, die aber kaum ein Normalbürger je erlebt hat – sie sind durch Liebe und Liebeskunst erreichbar. Deshalb ist emotionale Arbeit so wichtig. Zur positiven Emotion gehört auch positive Selbst-

* Buchempfehlung: John Diamond: *Die heilende Kraft der Emotionen*, a. a. O.

liebe: Liebende lieben ebenso ihren eigenen Körper. Man kann nicht seinen Körper ablehnen und dann hoffen, dass der Partner diesen Körper, den man selbst nicht mag, liebt.

- *Positive Neugier:* Neugier ist eine positive Regung, denn sie ist bereit, den anderen mit immer neuen Augen zu sehen, das Alte loszulassen. Positive Emotionen weiten das Denken aus. Mehr als nur eine einzige starre Idee kommt in Ihren Kopf, denn Freude zu empfinden und sich gut zu fühlen, das regt die Phantasie an. Worte kommen dann ohne Anstrengung, Gespräche werden gesucht, denn die Worte wollen heraus. Der positiv neugierige Mensch ist nicht auf ein einziges – gar noch selbstsüchtiges – Ziel fixiert, sondern freut sich darüber, wenn es ihm gelingt, den anderen aufzuschließen, ihn im Selbst und seinem »Seelenpunkt« tief innen zu berühren.
- *Positive Achtsamkeit:* Der Schlüssel zum guten Verlauf einer jeden Beziehung ist Achtsamkeit. Damit fängt alles an, was man in welchem Bereich auch immer erleben mag. Zur Achtsamkeit gehört Behutsamkeit. Man wird dann nicht in jedes Fettnäpfchen treten und vermag sehr wohl einen Raum von Behaglichkeit zu schaffen, in dem man einander tragen kann.
- *Positive Herzensöffnung:* Menschen mit offenem Herzen sind permanent miteinander in Empathie – sie fühlen sich in die Einstellung ihres Pendants ein. Oft braucht es die Worte nicht, weil sie sich mittlerweile blind verstehen. Sie erlauben einander stets, »immer anders« zu sein, halten sich nicht an Rollenklischees

fest. Sie machen sich gegenseitig Freude, meist kleine Freuden – und dies sehr oft. Sie genießen Stunden der Zufriedenheit (die Freude am Dasein) um ihrer selbst willen. Und ihre Öffnung ist nicht nur auf das eigene Leben gerichtet, sondern fast noch stärker auf das Leben des Partners bzw. der Partnerin. Sie »befähigen« einander; d.h., sie sprechen im anderen den Teil an, der wunderbar, intelligent, liebenswert usw. ist.

- *Positives Spielen:* Das Leben ist ein Spiel. Der Spaß im Spiel liegt nicht darin, möglichst schnell irgendein Ziel zu erreichen, denn dann wäre es ja zu Ende, sondern den Weg zu genießen. Der Spaß liegt also im Spielen an sich. Sie selbst entscheiden, ob Sie durch Angst und Stress motiviert sind oder in spielerischer Leichtigkeit durchs Leben »surfen«. Wer nicht spielen will, muss arbeiten und sich stressen – Sie entscheiden! Was der Suchende sucht, ohne zu finden, findet der Spielende, ohne zu suchen.
- *Positives Vertrauen:* Vertrauen ist wie eine Blume, die sich langsam öffnen will. Der Partner will nicht benutzt, sondern positiv angeregt werden, »sich gemeint, erfasst und verstanden fühlen«, einen »Raum« haben, in dem er sich vertrauensvoll hingeben kann.

Loslassen – und Gelassenheit

Ein Bekannter erzählte mir, er habe ein »kleines Ritual« erfunden, das er jeden Abend, bevor er das Geschäft verlasse, ausübe. Wir nahmen unsere Hüte und Mäntel, und vor der Tür hielt er an. Dort stand ein Papierkorb, und darüber hing ein Kalender. Nicht einer jener Kalender, die eine Woche oder einen Monat zeigen, sondern ein richtiger Abreißkalender, auf dem pro Blatt nur ein einziges groß gedrucktes Datum steht.

»Nun will ich Ihnen die Methode demonstrieren, die mir geholfen hat, meine Sorgen loszuwerden.« Mit diesen Worten riss er ein Blatt vom Kalender, rollte es zwischen den Fingern langsam zu einer kleinen Kugel und ließ sie in den Papierkorb fallen. Dann schloss er die Augen, und ich verhielt mich still, da er offenkundig betete. – »Amen«, sagte er dann laut. »Dieser Tag ist *vorbei* – und nun wollen wir Feierabend machen.«

Als wir zusammen die Straße hinuntergingen, fragte ich: »Würden Sie mir sagen, welche Gedanken Sie in Ihr Gebet gelegt haben?«

Er lachte und sagte: »Ich glaube kaum, dass Ihnen mein Gebet zusagen wird.« Da ich aber weiter in ihn drang, gab er schließlich nach: »Ich bete ungefähr so:

›Lieber Gott, du hast mir diesen Tag gegeben. Ich habe ihn nicht verlangt, doch ich danke dir dafür. Ich habe mit deiner Hilfe das Beste daraus gemacht. Ich habe auch Fehler gemacht, dann nämlich, wenn ich deinen Weg verlassen und deine Ratschläge unbeachtet ließ. Ich bitte dich, mir zu verzeihen. Der Tag brachte mir auch einige Erfolge, und ich danke dir für deine Führung. Jetzt aber ist der Tag vorbei, Erfolg hin oder Misserfolg her, ich bin fertig mit ihm und gebe ihn dir zurück.‹«

Vielleicht ist dieses Beispiel für Sie eine Anregung, oder Sie erfinden ein ähnliches Ritual?

Im Folgenden finden Sie noch eine kleine Sammlung von »Lebensweisheiten« zum Thema »Loslassen und Gelassenheit«, von denen Sie sich ebenfalls inspirieren lassen können:

- Gelassenheit bedeutet, die vollen Widersprüche des Lebens durch sich *hindurchzulassen*: Durchlässigkeit für positiv und negativ besetzte Dinge und Ereignisse des Lebens – im Gegensatz zu Undurchlässigkeit.
- »Das Glück ist ein *Wie**, kein Was; ein Talent, kein Objekt« (Hermann Hesse).
- Ohne ein *positives Selbstbild* zu haben, ohne Freundschaft mit sich geschlossen zu haben, kann man nicht gelassen sein (nach Laotse).
- Menschen, die sich selbst nicht mögen, *projizieren* ihre Ablehnung auf die Umwelt. Wer mit sich zufrieden ist, ist es auch mit den anderen. Wer sich selbst verzeiht, ist auch mit anderen gütig.
- Unneurotisches Handeln ist erst möglich, wenn man auch seine *verdrängten Anteile* akzeptierend in die eigene Person *integriert* hat, wenn man nicht mehr anders sein will, als man ist.
- Man kann andere nur in dem Maß lieben, wie man *sich selbst liebt*.
- Wenn man jemanden streichelt, streichelt man *sich selbst*. Schlägt man jemanden, tut man sich selbst weh.
- Gelassenheit setzt *Selbstakzeptanz* voraus: Ohne sich zu lassen, wie man ist, ohne Selbstachtung, kann man auch andere nicht so sein lassen, wie sie sind.

* Hervorhebungen in Zitaten durch den Autor.

- Gelassenheit ist der Verbitterung vorzuziehen. Der Weise weiß, dass er zwar nicht alles beeinflussen kann, was ihm wichtig wäre, aber er nimmt diese Mängel als *Lernchance* (nach Hermann Hesse).
- Gelassenheit ist die »*Bejahung* aller Wirklichkeiten, Wachsein am Rand aller Tiefen und Abgründe« (Hermann Hesse).
- Es sind nicht die Ereignisse bzw. Dinge, die uns belasten, sondern *unsere Vorstellung* davon (nach Epiktet).
- Wir sind nicht dafür verantwortlich, was uns das Schicksal bringt, aber sehr wohl dafür, wie wir es *interpretieren*, es erleben und was wir daraus machen.
- Es gibt *keine objektive Wahrheit*, sondern nur unsere persönliche Interpretation der Wirklichkeit, die Bedeutung, die wir selbst den Dingen beimessen.
- Gelassene Menschen sehen immer *beide Seiten einer Medaille*.
- Gelassenheit bedeutet, zu erkennen: *Es ist, wie es ist.*
- Die Veränderung meines Partners geschieht paradoxerweise durch das *Akzeptieren* seines »Soseins« – und nicht durch einen ständigen Veränderungsdruck.
- Die Veränderung anderer beginnt immer bei der eigenen Einstellung – *bei sich selbst*.
- Gelassenheit bedeutet, auch Wünsche und Gefühle zuzulassen, *für die man sich schämt*.
- »Ohne das Tier in uns sind wir *kastrierte Engel*« (Hermann Hesse).
- Gelassenheit bedeutet, sich bei aller Angst auf *Widersprüchliches, Neues einzulassen*. Es ist gerade die Gelassenheit, die eine ständige, ruhige Auseinandersetzung mit sich und der Welt ermöglicht.

- Man muss dazu bereit sein, jemanden *loszulassen, um ihn wirklich zu haben.*
- Liebe ist ein seltsamer Gast: Sie kommt nur, wenn sie nicht muss. Man kann ihren Besuch *nicht fordern.*
- Liebe ist ein *Kind der Freiheit.* Verpflichtungen vergraulen sie.
- Gelassenheit stellt uns vor die *Aufgabe des Aufgebens* scheinbar unentbehrlicher Objekte. Je mehr man diese aufzugeben vermag, umso wertvoller fühlt man sich selbst.
- Gelassenheit bedeutet auch immer, *Desillusionierungsarbeit* zu leisten.
- *Festhalten macht blind,* rechthaberisch, verurteilend und lässt uns Dramen inszenieren, weil wir uns ungerecht behandelt fühlen – dabei lassen wir völlig außer Acht, dass wir selbst der Verursacher unserer eigenen Verfolgung sind.
- Loslassen können ist eine wesentliche Voraussetzung für Weiterentwicklung.
- Gelassenheit ist eine Bewegung, ein lebendiges Mitschwingen mit den Widersprüchen des Lebens und gleichzeitiges Ruhen in sich selbst.

Mantras

Alle heiligen Schriften schreiben, dass unsere Welt aus Licht und Klang geschaffen wurde. So heißt es in der Bibel: »Am Anfang war das Wort, und das Wort war bei Gott, und Gott war das Wort.«* Der indische Mythos

* Joh. 1, 1.

kennt den Gott »Brahma«, der die Welten aus Klang erschafft. Aus der Stille ertönt ein Klang, der Klang wird Form. Seit alters wird der Klang als Loblied Gottes (der *einen* Kraft) verwendet. Es gibt alte Sprachen, bei denen jede Silbe einen Aspekt Gottes darstellt.

Die Bibel wie auch andere Schriften sprechen von einer Zeit der Sprachverwirrung, z.B. dem »Turmbau zu Babel«. Seit dieser Zeit, so die Legende, ist das Wort nicht mehr bei Gott, also der *einen* Kraft. Um an die Verbindung des Menschen mit seiner Quelle zu erinnern, wurden uns seit Jahrtausenden die Mantras überliefert.

Das Wort »Mantra« kommt aus den Sanskritsilben *man* (= »denken«) und *trai* (= »beschützen, frei sein«), gemeint ist hier die Freiheit von dem gebundenen Denken, das sich in Illusionen verstrickt. Das Wort bedeutet wörtlich »Instrument des Denkens, Rede« und bezeichnet in der Meditation eine kurze Wortfolge, die wiederholt rezitiert wird.

Mantras sind heilige Silben, meist basierend auf einer der Ursprachen der Schöpfung, über Jahrtausende erprobt – Sanskrit ist eine davon, Hebräisch eine andere. Im Hinduismus, im Buddhismus und im Yoga ist das Rezitieren von Mantras während der Meditation, im Christentum bzw. in jüdischer oder islamischer Tradition während der Kontemplation üblich. Das Rezitieren eines Mantras dient dem Freisetzen mentaler Energie wie auch der Verehrung des göttlichen Schutzes, der herabgerufen werden soll.

Ein Mantra, gleich, aus welcher Tradition, enthält in seiner Struktur einen Gedanken in einem heiligen Klang, der große spirituelle Bedeutung hat. Einige Hindus glauben, dass der Klang der Erschaffung des Universums vorausgegangen ist und dass seine Schwingungen die atomare Struktur des Universums zusammenhalten.

Das Mantra braucht keinen wörtlichen Sinn zu haben. Der Klang trägt die Kraft. Wer es rezitiert, fängt die Kraft, die im Klang der Wörter integriert ist, auf, verleibt sie sich sozusagen ein wie ein gutes Mahl. Mantras sind gemäß alter Überlieferung aber nicht nur Brückenbilder zu Gott, sie sind auch göttliche Wesenheiten. Ein Mantra ist also auch eine Gottheit oder, anders ausgedrückt, eine göttliche Kraft, die sich in einem Klangkörper manifestiert. Gemäß traditioneller Lehren ist das Mantra selbst der Deva (eine Gottheit).

So überliefert auch die christliche Engellehre, dass der Name eines (Erz)engels identisch mit seiner Wesenheit ist. Indem wir den Namen eines Engels fortwährend rezitieren, kommen wir in Resonanz mit der Energie des Engels. Manche behaupten sogar, sie könnten ihn dann mit dem inneren Auge sehen. In dem Maße, in dem der Rezitierende seine Einheit mit der Gottheit verwirklicht, verstärkt das Mantra die Kraft seiner Hingabe an die höheren Energien.

Entscheidend ist hier wohl die Intensität und Dauer der Übung. Denn am Anfang unserer Rezitation werden wir uns der vielen Gedanken bewusst, die uns umgeben und uns bei der Konzentration auf diese innere Kraft stören. Doch indem wir Gedankendisziplin üben und uns nicht ablenken lassen, richtet sich unser Bewusstsein immer mehr auf die intonierte Kraft und Wesenheit aus, bis wir von dieser »höheren« Energie überflutet werden.

Neben der Konzentration ist in der Mantrapraxis vor allem die Hingabe wichtig. Wenn wir die Gedanken nur im Verstand bewegen, wird uns dies nicht erfüllen, es wird kraftlos sein. Das ganze Kunststück ist es, wie man hingabefreudig an die *eine* Kraft bzw. das Mantra wird. Ein Schlüssel auf dem Weg kann eine erfüllte Liebesbeziehung sein. Sie öffnet das Herz und macht hingabefähig, und dies wirkt sich auch auf die Mantrapraxis aus. Paare, die vielleicht einige Jahre nebeneinander hergelebt und dann ihre Hingabe füreinander neu entdeckt haben, werden erfahren, dass ihr Mantra für sie stärker arbeitet als je zuvor.

Damit wir mit dem Gegenstand des Mantras verschmelzen können, müssen wir sein »wie ein schmelzender Bach«. Natürlich geschieht dieses Schmelzen auch durch stundenlanges Üben: Irgendwann gibt der Verstand auf und lässt sein Anhaften an den ablenkenden Gedankenketten los. Das Mantra »zieht an«.

Ein weiteres Geheimnis des Mantras ist weitaus natürlicher erklärt: Die Energie folgt der Aufmerksamkeit. Lenke ich die Energie auf mein Mantra, ziehe ich sie ab von den Verhaftungen an Probleme und richte sie auf eine höhere Energiequelle. So feinfühlig, wie ein Seidentuch von einem Rosenstrauch entfernt wird, ohne dass die Dornen daran haften, so feinfühlig löst das Mantra uns von den Dornen der Probleme. In Kontakt mit der umfassenderen Intelligenz wird der Blick klarer, man sieht das Problem aus einer anderen Warte, man verändert sein Denken. Wann immer Sie feststellen, dass Sie etwas Negatives denken oder gar daran »anhaften«, können Sie stattdessen auch Ihr Mantra rezitieren.

Ein Mensch wird das, was er denkt. Der Geist eines Menschen, der sich mittels Mantrapraxis darin übt, sein Denken vom Negativen abzuziehen und auf etwas Erhabenes zu richten, verstärkt seine Neigung zu guten Gedanken. Durch ständige Schulung der Aufmerksamkeit wird so der Charakter geformt und verwandelt.

In der Mantrapraxis intonieren oder denken Sie ein Mantra Ihrer Wahl immer wieder und konzentrieren so Ihren Geist. Das Mantra sollte mit Aufmerksamkeit und nicht rein mechanisch gesprochen werden. Verwenden Sie Ihr Mantra vor dem Einschlafen, wird es Sie in den Schlaf begleiten. Sie sollten das Mantra Ihrer Wahl eine Zeit lang immer wieder rezitieren, um es so einzuschleifen.

Wenn wir mit einem Mantra arbeiten, sollten wir uns nicht auf irgendein Ziel konzentrieren, sondern das Mantra selbst ist das Ziel, die gedankliche Verschmelzung mit ihm. Sprechen oder denken Sie das Mantra gefühlvoll, so als wenn Sie Ihrer/Ihrem Geliebten zärtliche Worte zuflüsterten. Ebenso wie den/die Geliebte(n) wollen Sie ja durch das Mantra das Gute einladen, zu Ihnen zu kommen.

Mantras können erfrischen und friedvoller machen. Sollten Sie müde sein, empfiehlt es sich, eine bewusste Sitzposition einzunehmen, die Sie wach hält, beispielsweise den Pharaonensitz auf einem Stuhl, damit Sie nicht einschlafen: Die Füße stehen nebeneinander, die Hände liegen auf den Beinen, die Wirbelsäule ist gerade; Sie sitzen auf der vorderen Stuhlkante. Stellen Sie sich, wenn Sie möchten, vor Beginn Ihrer Intonation vor, dass

Wurzeln aus Ihren Füßen in die Erde wachsen, Sie sich wie eine Blüte öffnen oder eine goldene Kugel Sie umgibt. Besonders schön kann es sein, die gedachte goldene Kugel mit dem Mantra zu laden.

Mithilfe eines Mantras erfahren Sie Unterstützung in Ihrer Genesung, Inspiration in schwierigen Zeiten, ja, dank eines Mantras können sogar Wünsche wahr werden. Es hilft Ihnen beim Einschlafen, und es hilft Ihnen beim Aufwachen. Verzerrte Gedanken werden beruhigt und geklärt, innere Ruhe und Gelassenheit gefördert.

Die Wiederholung des Mantras kann den »Schmutz des Geistes« reinigen, man kann wieder klar denken. In dem Sinne ist das Mantra die »Seife für den Geist«. Wie ein gereinigter Spiegel seine Umgebung besser reflektieren kann, so wird der eigene Geist durch die Mantrapraxis geklärt und spiegelt die höheren Wahrheiten wider. Das Mantra sammelt den Geist, sodass er nicht sinnlos seine Kraft nach außen verströmt.

In der Praxis werden vor allem die folgenden drei Arten von Mantras unterschieden:

1. *Saguna* intonieren eine bestimmte Gottheit bzw. einen bestimmten Aspekt Gottes wie z. B. die Erzengel oder die göttliche Mutter.
2. *Nirguna* beziehen sich auf die Einheit der Schöpfung.
3. *Bija* wirken direkt auf unsere Körperenergiezentren oder Elemente: HAM–Äther, YAM–Luft, RAM–Feuer, VAM–Wasser, LAM–Erde. Das bekannteste Bija-Mantra ist AUM (OM).

In vielen Traditionen wird das Mantra vom Lehrer in einer Art Einweihung verliehen. Diese Formel sollte geheim gehalten werden, damit seine Kraft sich nicht verunreinigt, und der Schatz des Rezitierenden sein.

Es gibt aber auch »öffentliche« Mantras, etwa das bereits erwähnte AUM (OM), das eine Affinität zum christlichen »Amen« hat und das Universum durchdringt, sowie das Gayatri. Der Klang AUM enthält die gesamte Reihe der menschlichen Intonation, indem er hinten im Mundraum mit dem ersten Element A anfängt, durch die Rachenmitte mit U hindurchgeht und mit geschlossenen Lippen im Schlussklang M endet. Hierbei stellt das A den Anfang, das U den Bestand und M die Auflösung der Schöpfung dar. AUM repräsentiert so die dreifache göttliche Kraft, die für die Schöpfung, die Entwicklung und die Auflösung dieses Universums verantwortlich ist. Man könnte das AUM auch als den »Bogen (A), der den Pfeil des Selbst (U) auf das Ziel des Absoluten richtet« (M) betrachten. Es ist das umfassendste und erhabenste Symbol hinduistischer spiritueller Erkenntnis.

Das *Gayatri* ist einer der heiligsten Verse des Rigveda. Es gibt verschiedene Übersetzungen, eine der verbreitetsten lautet: »Mögen wir über das leuchtende Licht dessen meditieren, der anbetungswürdig ist und alle Welten erschaffen hat! Möge er unsere Intelligenz auf die Wahrheit lenken!«

Weitere Beispiele aus den verschiedenen Traditionen (hier handelt es sich lediglich um eine Auswahl):

- Aus der *hinduistischen* Tradition:

  – »SO-HAM.« (»Ich bin, der ich bin.«)
  – »Om Namaha Shivaya. (»Om, ich verneige mich in Ehrfurcht vor Shiva, dem inneren Selbst.«)

- Aus der *buddhistischen* Tradition: »Om Mani Padme Hum.« (»Om, Juwel im Lotus.«) Es ist das Mantra des allumfassenden Mitgefühls für alle Wesen.

- Aus der *islamischen* Tradition:

  – »La illa ha ill Allahu.« (»Es gibt keinen Gott außer Gott.«)
  – »Allahu Aqbar.« (»Gott ist groß/mächtig.«)

- Aus der *jüdischen* Tradition: »Schma Israel adonai elohenu, adonai echad.« (»Höre, Israel, der Herr ist dein Gott, und er ist ein einziger Gott.«)

- Aus der *christlichen* Tradition:

  – »Halleluja.« (»Gelobt sei der Herr.«)
  – »Kyrie eleison.« (»Herr, erbarme dich.«)
  – »Amen.« (»Wahrlich, es geschehe!«)

Am besten können Sie die Wirkung der Mantras nachvollziehen, wenn Sie einmal eine Woche jeden Morgen dasselbe Mantra jeweils 30 Minuten rezitieren: Beobachten Sie, wie sich dadurch Ihr Denken verändert.

Probleme lösen

Jedes Problem ist eine Aufgabe, die das Leben *mir jetzt* stellt. Und die *ich jetzt* lösen kann! Doch wie gehen wir am besten mit Problemen um? Indem wir zuerst eine ganz neue Einstellung zu »Problemen« entwickeln. Denn Schwierigkeiten sind »Lektionen des Lebens« für uns. Und es erwartet die Lösung *in der Gegenwart*! In der Schule des Lebens kann sich keiner drücken. Versuche ich, eine Lernaufgabe zu verdrängen, zwinge ich das Schicksal nur, die Lektion zu wiederholen.

In der Bewältigung jedes Problems ist ein großes Geschenk enthalten, nämlich eine Erkenntnis, zu der ich anders vielleicht nicht kommen könnte. Sonst hätte sich mir dieses Problem ja nicht gestellt. Also bin ich dankbar für jede Schwierigkeit, weil mir das Schicksal eine Erkenntnis vermitteln will, sie für mich bereithält, weil ich aufgrund meines »Soseins« dazu reif bin. Nehmen wir das Geschenk nicht freiwillig an, das da versteckt ist, dann »hilft« uns das Schicksal möglicherweise durch Krankheit und Leid dazu, dass wir *aktiv* werden! Es zwingt uns zur Aktivität, zum Handeln, zum Tun. Denn es ist wichtig, dass wir etwas unternehmen! Es kommt nicht darauf an, wie die Dinge sind, sondern wie wir damit umgehen. Und immer kommt es darauf an, »wer Sie sind«!

Die nachfolgenden »Fragebögen zur Problemlösung« sollen Ihnen dabei helfen, sich mit Ihrem Problem tiefer auseinander zu setzen und das jeweilige Thema zu erkennen und zu lösen. Wenn Sie die Fragen offen und ehrlich beantworten, werden vielfach schon allein dadurch intuitiv Lösungsmöglichkeiten erkennbar, die Sie dann auch konsequent umsetzen sollten.

Fragebogen 1: Wo ich im Leben stehe

1. Ist Ihr Leben Arbeit, Kampf, Pflicht, Verdienen oder Dienen, Chaos, Karma-Abtragen oder Gnade, Freude oder Strafe, Prüfung oder Chance, ein Selbstfindungsweg oder Verpflichtung, Erkenntnis, Meditation, Gebet oder einfach Glück?
2. Was macht Ihr Leben schwer?
3. Wie hätten Sie es denn gern? Wie wäre es ideal?
4. Wenn das Leben für Sie überwiegend ein Spiel ist, fragen Sie sich:

   - »Welches Spiel spiele ich?«
   - »Welches Spiel spielt das Leben mit mir? Für mich?«
   - »Welches Spiel spielt mein Partner mit mir? Für mich?«
   - »Welches Spiel spielen meine Kinder mit mir? Für mich?«
   - »Welche Rolle spiele ich in meinem Leben? Für mich?«
   - »Wer oder was spielt in meinem Leben die Hauptrolle?«

5. Wo stehen Sie also gerade im Leben? Wie ist Ihre persönliche Situation?

Fragebogen 2: Konfliktanalyse

1. Die *persönliche* Situation: Was sind Ihre Belastungen, Krankheiten, Mängel, Ängste, Probleme, Enttäuschungen, Aggressionen? Wie sind Ihre Vermögenssituation, Aussichten, Lebensphilosophie, Selbstverwirklichung?
2. Die *familiäre* Situation: Wie ist das Verhältnis zu Partner, Kindern, Eltern, Geschwistern, Freunden, Gesellschaft, Sexualität, Wohnort?
3. Die *berufliche* Situation: Ist der ausgeübte Beruf die Berufung? Finden Sie die erwünschte Anerkennung? Was haben Sie sonst noch gelernt, was können Sie? Wie ist Ihre Position? Wie sind Ihre Aussichten?
4. Was *lieben* Sie, was lehnen Sie ab? Warum lieben Sie das? Warum lehnen Sie das ab? Was gefällt Ihnen am besten in Ihrem Leben? Was stört Sie am meisten in Ihrem Leben?
5. *Wünsche* an das Leben: Was ist Ihr größter Wunsch? Warum? Was erwarten Sie noch vom Leben? Warum? Was fehlt Ihnen zur Verwirklichung? Was würden Sie anders machen, wenn Sie noch einmal von vorn beginnen könnten? Was hindert Sie wirklich daran, es zu tun?

Fragebogen 3: Sieben praktische Schritte

1. Wie lautet die exakte *Definition Ihres Problems:*

   - »Was genau ist mein Problem?«
   - »Habe ich wirklich ein Problem oder vielleicht nur eine problematische Einstellung?«

2. Wie lautet die exakte *Definition* des Ziels?
3. Wie lautet die exakte *Beschreibung* des Weges zum Ziel?
4. Wie lautet die exakte *Beschreibung* der erforderlichen Schritte?
5. Worin liegt meine *Motivation*, dieses Ziel zu erreichen?
6. Was mache ich, wenn es unter den gegebenen Umständen *keine Lösung zu geben scheint?*
7. Praktische Umsetzung: Was ist *mein erster kleiner Schritt?*

Fragebogen 4: Gesundheit

Die Krankheit ist bereits die »vorläufige Endstufe« einer Störung, die nicht erkannt oder unterdrückt wurde. Eine »funktionelle« Krankheit bedeutet, dass man ein geistig-seelisches Problem hat, welches der Organismus uns in seiner Symbolsprache bewusst machen möchte, damit wir es lösen können.
Die Behandlung sollte sich jedoch nicht nur auf die

Regulierung der körperlichen Vorgänge beziehen, denn Körper, Seele und Geist bilden eine Einheit, und eine Störung im einen Bereich wirkt sich stets auch auf die anderen aus.
Die Beantwortung der folgenden Fragen kann Ihnen zeigen, wo Sie möglicherweise »aus der Ordnung gefallen sind«. So finden Sie schon erste Ansätze für eventuelle Heilungsmöglichkeiten.*

1. Was *fehlt* Ihnen?
   - Welche Beschwerden haben Sie?
   - Welche Krankheiten hatten Sie früher?
   - Was sind Ihre Schwachstellen?

2. Was ist Ihr größtes *Problem*?
   - Was war Ihre größte Enttäuschung?
   - Was war Ihr schlimmstes Erlebnis?
   - Haben, oder hatten Sie Schuldgefühle?

3. Wer oder was *stört* Sie am meisten? An sich selbst/an jemand anderem?
   - Warum stört es Sie so sehr?
   - Können Sie es ändern?
   - Können Sie Ihre Einstellung dazu ändern?

4. Haben oder hatten Sie *Angst*?
   - Wovor haben/hatten Sie Angst?
   - Ist die Angst aufgelöst?
   - Ist die Angst begründet?

* Zur Vertiefung empfehle ich Ihnen z.B. mein Buch *Die Botschaft deines Körpers. Die Sprache der Organe*, a.a.O.

5. Wen oder was *lieben* Sie am meisten? An sich selbst/jemand anderem?
   - Warum lieben Sie es so?
   - Wollen Sie haben – oder wollen Sie geben?
   - Erfreut oder belastet Sie diese Liebe?

6. Was ist oder war Ihr *größter Wunsch*?
   - Warum haben oder hatten Sie diesen Wunsch?
   - Werden Sie diesen Wunsch verwirklichen können?
   - Was fehlt Ihnen zur Verwirklichung?

7. Was würden Sie *anders machen*,
   - wenn Sie das Leben noch einmal beginnen dürften,
   - wenn Sie ganz gesund wären?

8. Was *hindert* Sie daran, es von nun an anders zu machen?

Fragebogen 5: Lebenszufriedenheit

Stellen Sie sich folgende Fragen:

1. »Wo *stehe ich* in meinem Leben?« (Auswertung, Analyse, materiell, Erfolg, Beruf, Beziehung, Familie, Sexualität, Lebenswünsche.)
2. »Wie *fühle* ich mich? Bin ich ausgeglichen? Welche Gefühle kann ich gut, welche nicht gut handhaben?« (Emotionaler Status.)

3. »Bin ich *zufrieden*?« (Berufliche etc. [vgl. Frage 1] wie auch seelisch-geistige Entwicklung.)
4. »Was möchte ich in meinem Leben *ändern*?«

Fragebogen 6: Vom Beruf zur Berufung

1. »*Was* will ich tun?«
2. »Welche *besonderen Fähigkeiten* habe ich?«
3. »*Wie* will ich arbeiten?«
4. »Welche *Werte* sind mir wichtig?«
5. »Welche *Visionen* habe ich?«
6. »Welche *Ziele* habe ich für mich und andere?«
7. »Welche *konkreten Schritte* muss ich gehen?«

*Urteile nie – eine Parabel**

Ein alter Mann lebte in einem Dorf; er war sehr arm, aber selbst Könige waren neidisch auf ihn, denn er besaß ein wunderschönes weißes Pferd. Man bot ihm phantastische Summen für das Pferd, aber er verkaufte es nie.

Eines Morgens fand er sein Pferd nicht im Stall. Das ganze Dorf versammelte sich, und die Leute sagten: »Du dummer alter Mann! Wir haben immer gewusst, dass das Pferd eines Tages gestohlen würde. Es wäre besser gewesen, es zu verkaufen. Welch ein Unglück!«

* Vgl. *Osho Neo-Tarot*, Köln 1991 (modifiziert wiedergegeben).

Der alte Mann sagte: »Geht nicht so weit, das zu sagen. Alles, was ist, ist: Das Pferd ist nicht im Stall. So viel ist Tatsache. Alles andere ist Urteil. Ob es ein Unglück ist oder ein Segen, weiß ich nicht, weil ich nicht weiß, was folgen wird.«

Die Leute lachten den Alten aus. Sie hatten schon immer gewusst, dass er ein bisschen verrückt war. Aber nach fünfzehn Tagen kehrte das Pferd zurück. Es war nicht gestohlen worden, sondern in die Wildnis ausgebrochen. Und nicht nur das, es brachte auch noch zwölf wilde Pferde mit.

Wieder versammelten sich die Leute und sagten: »Alter Mann, du hast Recht, es hat sich tatsächlich als Segen erwiesen.«

Der Alte entgegnete: »Wieder geht ihr zu weit. Alles, was ist, ist: Das Pferd ist zurück. Ihr lest nur ein einziges Wort in einem Satz – wie könnt ihr das ganze Buch beurteilen?«

Der alte Mann hatte einen einzigen Sohn, der begann, die Wildpferde zu trainieren. Schon eine Woche später fiel er vom Pferd und brach sich die Beine.

Wieder versammelten sich die Leute, und wieder urteilten sie: »Du hattest Recht, es war ein Unglück. Dein einziger Sohn kann nun die Beine nicht mehr gebrauchen, und er war die Stütze deines Alters. Jetzt bist du ärmer als je zuvor.«

Der Alte antwortete: »Ihr seid besessen vom Urteilen. Alles, was ist, ist: Mein Sohn hat sich die Beine gebrochen. Niemand weiß, ob dies ein Unglück ist oder ein Segen. Das Leben kommt in Augenblicken, und mehr bekommt ihr nie zu sehen.«

Es ergab sich, dass das Land einen Krieg begann. Alle jungen Männer des Ortes wurden zwangsweise zum Frontdienst eingezogen. Nur der Sohn des alten Mannes blieb zurück, weil er gebrochene Beine hatte. Der ganze Ort war vom Wehgeschrei erfüllt, weil dieser Krieg nicht zu gewinnen war und man wusste, dass die meisten jungen Männer nicht zurückkehren würden.

Die Leute kamen ein weiteres Mal zum alten Mann und sagten: »Du hattest Recht, es hat sich als Segen erwiesen.«

Der alte Mann antwortete: »Ihr hört nicht auf zu urteilen. Alles, was ist, ist: Man hat eure Söhne in die Armee eingezogen, und mein Sohn wurde nicht eingezogen. Nur das Ganze weiß, ob dies ein Segen oder ein Unglück ist…«

Erst wenn wir aufhören zu urteilen, können wir beginnen, wahrzunehmen, und erst dann kann das Leben durch uns wirken, d.h. sich »ver*wirk*lichen«. Deshalb: Urteile nie!

Verzeihen

Wir sind fühlende Wesen. Wir suchen Menschen, denen gegenüber wir uns öffnen können, beruflich, finanziell, emotional, sexuell und seelisch. Wir suchen einen Ort der Vertrautheit. Doch Offenheit bedeutet zugleich auch Verletzbarkeit. Wir bieten dem anderen unsere Schwachstellen dar, unsere Blößen, unsere Achillesfersen und hoffen, dass er sich unseres Vertrauens als würdig erweist. Nicht umsonst sagt man: »Ein Freund ist jemand, bei dem man reden kann, ohne nachzudenken!« Mit der Verletzbarkeit geht aber auch die Angreifbarkeit einher, sobald man seine Geheimnisse, Konditionierungen, Hoffnungen, Bedürfnisse, Wünsche, Vorlieben etc. offenbart. Man könnte ausgelacht werden. Man könnte mit seinen Schwächen gegenüber einem anderen bloßgestellt werden.

Statistisch gesehen wird das größte Glück wie auch der größte Kummer im Kreis der eigenen Anvertrauten, der Intimpartner, der Familie erfahren. Gerade dort, wo man sich täglich begegnet, ist die Gefahr eines (oftmals unachtsamen) Verletzens des anderen groß. Wenn der andere dann »zurückschlägt«, beginnt zuweilen ein regelrechter »Kleinkrieg«, bei dem all die Geheimnisse, die man einander anvertraut hat, gegen den anderen »verwendet« werden. Angesichts persönlicher Kränkungen kommt es dann oftmals zu Rache- oder Vergeltungsmaßnahmen. Ein Beispiel aus meinem Bekanntenkreis: Im Zorn über seine Frau hetzte der Ehemann das Lieblingspferd der Frau bewusst über einen Zaun, damit sich das Pferd das Genick brach, was auch geschah. Die Tragödie des Ganzen: Da das Pferd die Haupteinnahmequelle der Familie darstellte, verarmten beide.

Die Menschen bescheren einander Glück und Harmonie, aber auch Kummer. Weil wir noch nicht vollkommen sind, verletzen wir uns gegenseitig. So ist die Realität in einer unvollkommenen Welt. Und weil wir alle traumatisierte Kinder sind, nehmen wir auch kleine Verletzungen viel stärker auf, als sie eigentlich gemeint sind, und wollen zurückschlagen. Wir projizieren unsere Gedanken auf den anderen, der sich zwangsläufig unverstanden fühlen muss.

Die bekannte »Hammer-Geschichte«* des österreichisch-amerikanischen Psychotherapeuten und Kommunikationswissenschaftlers Paul Watzlawick verdeutlicht dies: Ein Mann will ein Bild aufhängen. Den Nagel hat er, aber nicht den Hammer. Also beschließt er, hinüberzugehen und sich einen Hammer vom Nachbarn zu borgen. Doch während er dorthin geht, befallen ihn Zweifel: »Was, wenn der Nachbar mir den Hammer nicht geben will? Gestern grüßte er mich nur so flüchtig. Und überhaupt, wenn er sich von mir einen Hammer borgen wollte, ich würde ihn ihm geben. Und warum er nicht? Wie kann man einem Nachbarn einen so einfachen Wunsch abschlagen…?« Und mit diesen Gedanken steigerte er sich immer weiter in seine Wut hinein. Als er endlich angekommen war, klingelte er und schrie dem erstaunten Nachbarn ins Gesicht: »Behalten Sie doch Ihren Hammer, Sie Rüpel!«

Ähnlich projizierend verhalten wir uns auch, wenn wir nicht verzeihen: Wir unterstellen dem anderen das Allerschlimmste und schlagen mit gleicher Münze zurück.

Aus einem solchen Kreislauf kommen wir nur heraus, wenn wir unser Verhalten ändern. Indem Jesus sagte: »… wenn dir jemand einen Streich gibt auf deine rechte Backe, dem biete die andere auch dar«**, predigte

* Vgl. Paul Watzlawick: *Anleitung zum Unglücklichsein*, München 2002
** Matth. 5, 39.

er damit nicht den Masochismus, sondern ein geistiges Gesetz, das symbolisiert, welches Verhalten hier gemeint ist. Deutlicher wird es vielleicht bei der Gefangennahme Jesu, als Jesus zu Petrus, der ihn verteidigen will, sagt: »Stecke dein Schwert in die Scheide! Soll ich den Kelch nicht trinken, den mir mein Vater gegeben hat?«* Verzeihen bedeutet, sein Schwert wieder in die Scheide zu stecken.

> »Irren ist menschlich und Vergeben göttlich.«
> *Alexander Pope*

Wenn wir gekränkt und verletzt werden, müssen wir untersuchen, was die Kränkung bzw. Verletzung mit *uns* zu tun hat. Es ist so leicht, den Betreffenden künftig zu meiden, die Beziehung zu beenden oder gar nach Vergeltung oder Rache zu trachten. Doch damit gehen wir aus dem Prozess. Wenn wir den Partner meiden oder uns im Rahmen einer »inneren Kündigung« auf eine »Funktionsgemeinschaft« mit ihm reduzieren, bleiben wir infantile Menschen, blockieren wir weiteres Wachstum – nach dem Motto: Am Anfang schenkt man sich Rosen, dann die Dornen, und am Ende hütet jeder von ihnen den nackten Stängel! Verzeihen ist ein »Heruntersteigen« in die Liebe, ein Loslassen von Hochmut und ein Eingehen in die Demut.

Auf Verletzungen ebenfalls zerstörerisch zu reagie-

* Joh. 18, 11.

ren, erscheint »normal«, allerdings nicht souverän. Wir verfügen über ein weit reichhaltigeres Repertoire an Reaktionsmöglichkeiten auf Verletzungen, als die Retourkutsche zu fahren. Immer sollten wir uns die so genannte goldene Regel vor Augen halten (»Was du nicht willst, das man dir tu, das füg auch keinem andern zu!«) und uns die Frage stellen: »Wem bin ich verpflichtet? Dem gekränkten Ego – oder der *einen* Kraft, die durch uns alle wirkt?«

Verzeihen kann eine großartige Hilfe sein. Der Verletzte selbst kommt in den Großmut und kann alten Schmerz loslassen. Es mag sein, dass der verhärtete Schmerz in dem Verzeihensprozess erst einmal wieder hochkocht, so wie erfrorene Finger schmerzen, wenn sie sich aufwärmen, doch zugleich entsteht damit eine neue Weite und Freiheit – raus aus der Verbitterung! Verzeihen kann emotionale Schmerzen heilen. Zugleich spürt man, dass man mit dem Verzeihen ein Instrument hat, das einen gegen weitere Angriffe wappnet: Wird man erneut verletzt, verzeiht man einfach erneut. Verzeihen macht einen nicht schwach, sondern stark.

Ein Beispiel soll dies verdeutlichen: Ich kannte einmal einen jungen Mann, der lebte in einer festen Beziehung, doch er glaubte stets, er habe höchstenfalls die »zweitbeste« und »zweitschönste« Frau der Welt als Partnerin, die »schönste« und »beste« würde noch irgendwo auf ihn warten. Und so behandelte er seine Partnerin auch – eben entsprechend nachlässig.

Irgendwann begegnete diesem jungen Mann die damals amtierende Miss Bayern, und er war fasziniert, verliebt, er trennte sich sofort von seiner Partnerin und fuhr mit der attraktiven Schönheit nach Lugano in die »vorgezogenen Flitterwochen«.

Doch dort angekommen, entpuppte sich die Grazie für ihn als einzige Enttäuschung. Er kam schließlich ziemlich zerknirscht in seine Heimatstadt zurück, zumal er auf der Rückfahrt noch einen Unfall gebaut hatte.

Einige Tage später traf er seine Expartnerin auf der Leopoldstraße in München. Sie lächelte ihn an, als sei nie etwas Böses geschehen; und als er ihr beichtete, was ihm widerfahren war, sagte sie zu ihm: »Ich verzeihe dir. Du kannst mich gern zurückhaben, wenn du magst!«

Angesichts so viel Großmut rollten ihm die Tränen über die Wangen. Dankbar nahm er ihr Angebot an und behandelte sie ab sofort so, als sei *sie* die Miss Bayern, eben als die absolute Nummer eins – und die beiden erlebten viele glückliche Jahre zusammen.

Die Frau in dem Beispiel hätte auch »angefressen« reagieren können, dann wäre sie wohl verbittert geworden und der Mann möglicherweise einsam und unglücklich. Wir erkennen an dem Beispiel auch, dass Verzeihen bedeutet, über den eigenen Schatten zu springen, um für beider Wohl zu sorgen.

Die moderne Psychologie bezeichnet »verzeihen« als die Idee einer Veränderung, die darauf verzichtet, den Übeltäter zu meiden, sich ihm gegenüber emotional zu verschließen, Wiedergutmachung zu fordern oder gar Rache auszuüben. Verzeihen ist in dem Sinne eine »prosoziale Handlung, die Frieden bringt«. Indem ich verzeihe, setze ich einen interpersonalen Prozess in Gang, der meine Affekte und mein Verhalten gegenüber einem vermeintlichen Übeltäter verändert.

Verzeihen ist immer *bedingungslos,* kein »Kuhhandel«. Wenn ich nämlich sage: »Ich verzeihe dir, wenn...«, ist dies kein wirkliches Verzeihen. Grundlage des Verzeihens muss nämlich eine Herzensregung sein, kein Kalkül. Auch eine Handlung nach dem englischen Motto »Tit for tat« im Sinne von »Du hast mir jenes angetan, also darf ich dir dieses antun« hat weniger mit Verzeihen, dafür mehr mit »geistiger Buchhaltung« zu tun. Verzeihen ist in diesem Sinne immer ein einseitiger Prozess.

Nehmen wir z.B. den im Jahr 2005 verstorbenen Papst Johannes Paul II.: Nachdem im Mai 1981 auf dem Petersplatz ein Attentat auf ihn verübt worden war, verzieh er dem Attentäter Ali Agça, ging sogar im Dezember 1983 ins Gefängnis, reichte ihm die Hand und setzte damit ein Zeichen für die Welt!

Nichtverzeihen ist eine Emotion, die in die Hartherzigkeit, Verbitterung und Rechthaberei führt. Der Übeltäter wird gemieden, Vergeltung gesucht und andere Menschen in die Polarisierung gegen den Übeltäter gestimmt. Ein freies und »positives« Leben wird dadurch unmöglich gemacht. Man will Recht damit behalten, dass der »Übeltäter« einem »das Leben verdorben« hat; und damit dies auch alle sehen, beklagt man sich und erlaubt sich selbst, es sich so richtig schlecht gehen zu lassen. So verpasst man das eigene Lebensglück – durch das Festhalten an einer bösen Geschichte. Zu Recht fragt die weltweit aktive amerikanische Therapeutin Byron

Katie* in ihren Workshops die Teilnehmer: »Wer wärest du ohne deine Geschichte?« – Glücklich, frei, positiv!

Verzeihen bewirkt positive Effekte, die tief in die verzeihende Person hineinreichen, und dies unabhängig davon, ob der Übeltäter die Verzeihung annehmen kann oder nicht.

Verzeihen ist ein Prozess des Herzens. Indem ich verzeihe und mir bewusst bin, dass dies ein Prozess ist, kein einmaliger Vorgang, bekenne ich mich zu meinem eigenen Heilungsweg, der ein Weg des wachsenden Verzeihens gegenüber einer Person oder eines Umstandes ist.

Der Verstand allein kann gar nicht verzeihen, dazu muss man schon das Herz bemühen. Und dies bedeutet, sich noch einmal hineinzuknien in den Schmerz, den man erfahren hat, ihn bewusst zu fühlen und aus diesem Schmerz heraus das Mitgefühl zu destillieren, das den Wunsch nach Verzeihen weckt.

Wir können auch darum beten, dass wir verzeihen können. Wir können sagen: »Ich kann nur zu einem Teil vergeben; Herr, hilf mir, dass es mehr wird!« Indem wir das Nicht-verzeihen-Können als eine Starrheit, eine Rigidität, eine Krankheit anerkennen, die *wir* gegebenenfalls haben, nähern wir uns der Heilung. Nicht-verzeihen-Können schafft eine steife Oberlippe: Wer nicht zu vergeben vermag, kann auch nicht küssen – zumindest nicht richtig.

Darüber hinaus hängen Verzeihen und Gesundheit miteinander zusammen: Nach einer Studie des ameri-

* Vgl. z.B. Moritz Boerner: *Byron Katies The Work*, München 1999.

kanischen emeritierten Professors für Erziehung und Psychiatrie Carl E. Thoresen* führt nicht verzeihen zu können zu schweren gesundheitlichen Schäden, es begünstigt Neurosen. »Verzeiher« sind statistisch gesünder (symptombefreiter), optimistischer (weniger depressiv) und zukunftsorientierter. Selbst bei Menschen, die unter Kindesmissbrauch gelitten haben, sind Ängstlichkeit, Depression, Krankheit und Beziehungskonflikte bei solchen, die verzeihen können, geringer, wie mehrere andere Studien ergaben. Wer seinem Peiniger verziehen hat, erlebt weniger Stress, wenn er erneut an ihn denken muss. Verzeihen reduziert nachweislich Ängste, Seelenschmerzen, Sorgen, Stimmungsschwankungen wie auch Schuldgefühle. Denn erst das Verzeihenkönnen eröffnet die vollkommene Öffnung gegenüber einem Du, gegenüber dem Leben. Dabei bedeutet Vergeben nicht Vergessen.

Verzeihen wird auch nicht per Dekret verordnet, sondern mit der Entscheidung zu verzeihen beginnt ein oftmals schwerer und anhaltender Prozess des Sichbemühens darum, Verzeihensenergie fließen zu lassen. Oftmals müssen negative Gefühle, Hass, Missgunst regelrecht herausgeschrien werden, bevor sie bezwungen, d.h. unter die Herrschaft des Bewusstseins gestellt werden können.

Verzeihen wendet den Blick von rückwärts nach vorwärts. Im Klartext heißt dies: Wer dauernd klagend von dem spricht, was einmal war und alte Kamellen wieder

* Vgl. Carl E. Thoresen u.a.: »Forgiveness and health: An unanswered question«, M.E. McCullough u.a. (Hg.): *Forgiveness: Theory, research and practice*, New York 2000, S. 254–280.

aufwärmt, der blockiert damit die für die Zukunftsentwicklung notwendige Energie. Wer mutig nach vorn schauen will, kann es sich nicht leisten, permanent über die »böse Vergangenheit« nachzugrübeln. Dies bedeutet aber nicht, die Dinge zu verdrängen. Durch aktives und herzinneres Verzeihen werden auch die ursächlichen Verletzungen selbst gelöst. Indem man den Groll besiegt, wird man wieder offen für das Lebens- und Liebesglück, kann sich beispielsweise einem neuen Partner öffnen, ohne an alte Strukturen von beispielsweise »Männer-« oder »Frauenhass« gebunden zu sein.

Verzeihen bedeutet das Verhalten zu der Person, die einen verletzt hat, zu verändern, sie wieder in ihrer Würde zu sehen. Besonders wichtig ist es, den eigenen Eltern, Expartnern und Verstorbenen zu verzeihen. Jenseitsforscher behaupten, dass verstorbene Seelen sich nur weiterentwickeln können, wenn für sie gebetet und ihnen verziehen wird. Verzeihen gegenüber Verstorbenen dient jedoch sicher den Hinterbliebenen: Der Segen der verstorbenen Mutter, des verstorbenen Vaters, Verwandten oder Freundes beginnt sofort vom Gestorbenen zu dem Überlebenden hinzufließen, sobald das Verzeihen einsetzt.

Die systemische Therapie (Familienaufstellungen) demonstriert eindrücklich, dass wir für neues Liebesglück z. B. mit unseren Expartnern »im Reinen« sein sollten – ein Segen, der uns dann zuteil wird, wenn wir ihnen verziehen haben. Ansonsten ist keine wirkliche Erlösung möglich.

Zur Erlösung der Beziehung zu einem Verstorbenen empfiehlt sich beispielsweise der Besuch an seinem Grab (etwa an Allerseelen), weil von dort aus ein besonders starker energetischer Bezug hergestellt werden kann.

Das Ergebnis eines gelungenen Verzeihensprozesses geht über die Niederlegung von Groll und Hass hinaus: Er hat auch die Aufhebung von Vorurteilen, Blockaden und Missgunst gegenüber dem anderen zum Inhalt. Erst wenn wir ihm echtes Wohlwollen entgegenbringen können, ist das Verzeihen abgeschlossen. Dies bedeutet nicht, ihm ab sofort blind zu trauen, sehr wohl aber Respekt zu zollen, würdevoll mit ihm umzugehen und ihm – in einem vorsichtigen Rahmen – eine zweite Chance zu geben.

Verzeihen bedeutet auch, auf die Position der Überlegenheit zu verzichten, es aufzugeben, sich über den anderen zu stellen oder über ihn zu urteilen. Verzeihen ist wie gesagt bedingungslos.

Es wurde schon gesagt, dass Verzeihen nicht gleich Vergessen ist. Es kann trotzdem mit dem Vergessen einhergehen. Im Idealfall wird die Lektion aus der Verletzung gelernt (z.B., dass man behutsamer mit sich und dem anderen umgehen sollte), die Situation selber aber so behandelt, als hätte sie nie stattgefunden. Beispielsweise wunderte sich eine Frau einmal darüber, dass sie von einer Kollegin, der sie sehr viel Übles angetan hatte, so freundlich behandelt wurde. Sie fragte sie: »Kannst du dich denn nicht mehr daran erinnern, was ich dir alles Schlimmes angetan habe?« Und die andere lächelte und sagte: »Ich erinnere mich sehr genau daran, dass ich dies vergessen habe…!«

Das Verzeihen beendet unser eigenes Leid, den eigenen Schmerz und die Entfremdung von dem »Übeltäter«, letztlich von der ganzen Welt, indem eine negative Reaktion bezwungen und durch eine positive ersetzt wird. Statistisch gesehen, gelingt es »Verzeihern« in einem großen Prozentsatz der Fälle, zu den ehemaligen Verursachern ihres Leids oder Nachteils eine neue, weitaus bessere Beziehung als zuvor zu entwickeln. Der Aufbau dauerhafter zwischenmenschlicher Beziehungen auch zu anderen Menschen wird dadurch begünstigt.

Von dem amerikanischen »Verzeihensexperten« Robert D. Enright* gibt es sehr umfassende Studien über dieses Thema. Ihm gemäß läuft der Verzeihensprozess in vier Phasen ab:

1. *Den Schmerz spüren:* Die verletzte Person erkennt die Art der Verletzung und welche Wunden, Nachteile, Hemmungen, Schmerzen ihr durch die Verletzung für die Vergangenheit, für jetzt und für die weitere Zukunft bereitet wurden, und erkennt diese Schmerzen als »ihre Schmerzen« an.
2. *Erkenntnis:* Die verletzte Person erkennt, in welchem Maß das bisherige Nichtverzeihen(können) das eigene Leben beeinträchtigt hat und beeinträchtigen wird. (»Stell dir vor, jemand anderes hätte genau dies tief verziehen – wie würde sein Leben aussehen?«) Man erkennt die charakterlichen, ethischen und praktischen Vorteile, die Schönheit eines Lebens, in dem man

* Vgl. z.B. Robert D. Enright, E.A. Gassin und C. Wu, C.: »Forgiveness: A developmental view«, *Journal of Moral Education* 21/1992, S. 99–114; oder Robert D. Enright: *Vergebung als Chance*, Bern 2005.

die Dinge abgeschlossen hat usw. Die Person ist einsichtig und will sich bemühen, dem »Übeltäter« zu verzeihen.

3. *Innere Arbeit:* Die verletzte Person sucht einen Weg, sich dem Täter zuzuwenden. Sie will Verständnis für die Tat entdecken, z. B., indem sie erkennt, wie der Täter zu solch einer Tat kommen konnte, etwa aus eigener Verletztheit oder Traumatisierung heraus. Mitgefühl und Empathie können auf dem Weg helfen. Nutzt dies alles nichts, betet sie oder versucht verstärkt, die Seele im Täter zu erkennen, oder bittet Verbündete um Hilfe, damit sie verzeihen kann.
4. *Vertiefung:* Die verletzte Person sucht ein tiefes Wohlwollen gegenüber dem Leben mit allen Licht- und Schattenseiten, solidarisiert sich mit anderen Menschen, die auch Übles erfahren haben, und erbittet ein günstiges Schicksal für andere Leidende sowie eine Chance der Höherentwicklung für die »Übeltäter«.

Das Verzeihenkönnen ist in diesem Sinne wie ein »Muskel«, der trainiert werden kann, bis er eines Tages so stark ist wie der von Jesus, der für seine Peiniger zu Gott betete: »Vater, vergib ihnen; denn sie wissen nicht, was sie tun!«* Wir können es uns nicht leisten, nicht zu verzeihen. Verzeihen Sie – und wenn der andere Sie erneut verletzt, verzeihen Sie erneut!

Und der erste Mensch, dem Sie verzeihen sollten, sind Sie selbst – lassen Sie Ihre Selbsturteile los, in dem Wissen,

* Luk. 23, 34.

dass Gott bzw. die *eine* Kraft Ihnen längst verziehen hat. Auch hier sollten Sie in die Tiefe, in den Vierschritteprozess gehen und das Selbstverzeihen aus Ihrer Tiefe heraus geschehen lassen. Und Sie selbst sollten, wenn es Ihnen ein Bedürfnis ist, den anderen um Verzeihung bitten – reinen Herzens, ohne die Forderung, dass der andere Ihrem Wunsch entsprechen sollte, und ohne den Wunsch, daraus irgendwelche Vorteile zu bekommen, also einfach aus einem eigenen Bedürfnis heraus. Allein dadurch, dass Sie um Verzeihung bitten, ist Ihnen – zumindest von Gott bzw. der *einen* Kraft – verziehen, auch wenn die Persönlichkeit des anderen dies noch nicht kann.*

Verzeihen: drei Übungen

Übung 1: Überlegen Sie, welcher Mensch am dringendsten Ihre Vergebung braucht. Verzeihen Sie ihm, indem Sie immer wieder seinen Namen im Herzen bewegen und dazu den Satz sagen: »... ich verzeihe Ihnen/dir«, und zwar so oft, bis Sie spüren, dass Sie wirklich verziehen haben.

Übung 2: Überlegen Sie, von welchem Menschen Sie selbst am dringendsten Verzeihung brauchen. Bitten Sie das höhere Selbst dieser Person, also ihren Weisheitsaspekt, geistig präsent zu sein, und bitten Sie diesen um Verzeihung.

* Eine geeignete Meditation für das Verzeihen bietet übrigens Turiya von Hannover mit ihrer CD »Mir und anderen verzeihen« (Edition Innenwelt, www.innenwelt-verlag.de).

Sagen Sie: »Höheres Selbst von ..., ich bitte dich/Sie um Verzeihung«, und zwar so lange, bis Sie spüren, dass Ihnen verziehen worden ist.
Wenn Ihnen der Satz mit »Höheres Selbst von ...« zu lang ist, benennen Sie das höhere Selbst dieser Person mit einem »El-« vor dem Namen, also etwa »El-Paul, ich bitte dich um Verzeihung.«
Natürlich können Sie auch Gott oder Ihren spirituellen Lehrer oder Meister um Verzeihung bitten, beispielsweise: »Jesus, ich bitte dich um Verzeihung.« Auch das »Ave-Maria« aus der christlich-katholischen Tradition enthält eine Bitte um Verzeihung: »Maria ..., bitte für uns jetzt und in der Stunde unseres Todes!«

Übung 3: Überlegen Sie, welchem inneren Aspekt Sie etwas zuleide getan haben (z. B. Ihrem empfindlichen Teil) oder welcher Anteil Ihnen etwas Böses getan hat (beispielsweise Ihr »innerer Verräter«), und bitten Sie mit der obigen Methode um Verzeihung oder verzeihen Sie: »Innerer Verräter, ich verzeihe dir ...«

Wer verzeiht,
dem wird verziehen.
Und wer sich selbst verzeiht,
der lernt, sich selbst zu lieben!

Verzichtsbereitschaft

Wir leben das Grimm'sche »Märchen vom süßen Brei« auf unsere Weise: Wir verhungern mitten im Überfluss. Während wir Junkfood essen, verhungert unser Körper innerlich, weil ihm die Vitamine und Spurenelemente gesunder Nahrung fehlen. Und geistig-seelisch nehmen wir meist auch »Fastfood« zu uns; denn heutzutage gibt es unzählige »Pseudo-Abkürzungen« zum vermeintlichen Lebensglück, die meiner Meinung nach allesamt »Rückwärtsgänge« sind: Drogen und andere Rauschmittel, endloser Fernsehkonsum, »Workaholismus« u. dgl. m.

Was schon auf der Hand zu liegen scheint, haben Forschungen zur Jahrtausendwende gezeigt, nämlich dass durch derartige Abkürzungen erwirkte Hochgefühle – also solche, die nicht durch »Charakterstärke«, sondern durch die Befriedigung der reinen »Sinnesgier« erwirkt wurden – zu Leere, Mangel an Authentizität und so genannten postorgiastischen Depressionen führen und süchtig nach immer stärkeren neuen Reizen machen.

Positive Gefühle dagegen, die daraus resultieren, dass wir unsere menschlichen Stärken und Tugenden ins Leben einbringen, entwickeln eine Kraft der Authentizität und Dauerhaftigkeit. Sie sind wie glühende Steinkohle im Gegensatz zum Strohfeuer der schnellen Sinnesbefriedigungen.

Der amerikanische Psychologe Jonathan Haidt* nennt dieses Gefühl der glühenden Steinkohle »Erhabenheit«. Altruismus weckt höhere Gefühle, welche auch unsere niederen nähren. Ein Großversuch an einer US-Universität konnte dies beweisen: Tausende von Studenten wurden gebeten, in der nächsten Zeit an einigen Tagen

* Vgl. Jonathan Haidt: »The emotional dog and its rational tail: A social intuitionist approach to moral judgment«, *Psychological Review* 108/2001, S. 814–834.

vornehmlich etwas Altruistisches zu tun und an anderen etwas, was vor allem ihren Sinnen am meisten Vergnügen bereitete. Nach einer Woche wurden die Berichte eingesammelt. Ergebnis: An dem Tag, an dem die Studenten eine gute Tat vollbrachten, lief alles besser. Tätige Menschenfreundlichkeit scheint also im Gegensatz zur Befriedigung reiner Vergnügen eine Belohnung an sich zu sein. Dies liegt offenbar daran, dass durch eine selbstlose Tat Stärken gefordert werden, um der Situation zu entsprechen. Man übt sich in Selbstüberwindung und Verlust an Selbstbezogenheit.

Wenn unser Wohlbefinden daraus entsteht, dass wir unsere Stärken und Tugenden einbringen, wird unser Leben erfüllt von Authentizität. Doch beginnen müssen wir stets dort, wo wir uns gerade befinden. Zur Authentizität gehört es deshalb natürlich auch, zu den eigenen Bedürfnissen zu stehen und sie sich in angemessener Weise zu erfüllen. Doch offenbar dient die »hedonistische« Trieberfüllung nur als Brennstoff für tiefere, stärkere Gefühle, so wie Stroh dem Anzünden von Kohle dient.

Dem amerikanischen Psychiater George Vaillant* verdanken wir einen weiteren Begriff der positiven Psychologie, den der »reifen Abwehr«. »Reife Abwehr« ist die Gabe, Belohnungen (einen Sinnengenuss) hinauszuschieben, z.B. nicht einfach fremdzugehen, wenn man auf einer Geschäftsreise erregt ist, sondern sich auf

* Vgl. George Vaillant: »Adaptive mental mechanisms: their role in positive psychology«, *American Psychologist* 55(1)/200, S. 89–98.

die Begegnung mit der Ehefrau daheim zu freuen. An Vaillants Studie waren 456 ehemalige Harvard-Studenten beteiligt. Sie ergab folgendes Ergebnis: Von den Männern, die ihr Leben lang die »reife Abwehr« vollzogen hatten, konnten 95 % auch noch im hohen Alter schwere Möbelstücke bewegen und Treppen steigen, ohne zu ermüden. Von denen, die ihr Leben lang keine »reife Abwehr« praktiziert hatten, war die Hälfte dazu nicht mehr in der Lage. Weitere Qualitäten der Männer mit »reifer Abwehr« waren statistisch: Lebensfreude, Zufriedenheit in der Ehe, hohes Einkommen und Lebenskraft im Alter.

Das eigene Spiel spielen – eine weitere Parabel

Schuster, bleib bei deinem Leisten: Wenn Sie das tun, wofür Sie geschaffen sind, sind Sie unbesiegbar und werden Ihr Leben leicht verwirklichen können. Eine Zen-Parabel soll dieses Gesetz verdeutlichen.*

In Zeiten des feudalen Japan wollte ein Schneider einmal in eine andere Provinz reisen. Er dachte, es sei klug, sich zu seinem eigenen Schutz als Samurai zu verkleiden. Aber kaum an seinem Bestimmungsort angekommen, stieß er zufällig mit einem echten Samurai zusammen.

Der empörte sich: »Ihr habt mich entehrt. Trefft mich zur Mittagsstunde am Stadtrand. Dort werden wir die Klingen sprechen lassen.«

Dem Schneider schwante verständlicherweise Unheil, schließlich war er kein Krieger.

Kurze Zeit darauf begegnete er einem Zen-Meister, dem er die Geschichte erzählte und ihn um Rat bat, wie er seinem Schicksal mit Würde begegnen könnte.

»Übst du dich in einer Disziplin?«, fragte der Meister.

* Mit Modifizierungen wiedergegeben nach Vernon Kitabu Turner: *Das Schwert der Seele. Weg und Geist des spirituellen Kriegers*, Berlin 2000.

»Ich bin Schneider«, erwiderte dieser.

»Wie gehst du an deine Arbeit heran?«, hakte der Meister nach, und der Schneider erklärte ihm, dass er sich auf jede Aufgabe mit völliger Hingabe konzentriere.

Da sprach der Meister: »Wenn du heute dem Samurai gegenüberstehst, schenke ihm keine Beachtung. Benutze stattdessen deinen Schneidergeist und konzentriere dich vollkommen darauf, wie du deinen Überrock abnimmst und ordentlich zusammenlegst. Rolle dann deine Ärmel auf, damit sie dir nicht im Weg sind. Wenn du dich wieder erhebst, schließe die Augen, ziehe dein Schwert und hebe es hoch über den Kopf. Konzentriere deine gesamte Energie einzig und allein auf diese Handlung. Beim ersten Anzeichen einer Bewegung deines Gegners schlage mit dem Schwert direkt nach unten. Solltest du aber ein kühles Lüftchen über deinem Kopf fühlen, wird dies dein Tod sein.«

Der Schneider dankte dem Meister für die Unterweisung.

Als er auf dem Schauplatz des Duells ankam, ignorierte er die Menschen, die ihm und seinem Gegner zuschauen wollten. Den Anweisungen des Zen-Meisters folgend, verhielt er sich, als ob er in seiner Werkstatt wäre und an einem Kleidungsstück arbeitete. Er zog seinen Überrock mit vollendeter Hingabe aus und konzentrierte sich dabei auf jede einzelne Bewegung. Schließlich zog er sein Schwert, hob es hoch über den Kopf und schloss die Augen.

Der Samurai hatte ihm fast ehrfürchtig zugeschaut. Nie zuvor hatte dieser einen Krieger gesehen, der seine Kleidung so peinlich genau faltete und dem Tod so gelassen gegenüberstand. Also nahm er an, einen großen Meister vor sich zu haben. Er verbeugte sich: »Ich war wohl etwas voreilig. Mir ist nun klar geworden, dass Ihr mich nicht absichtlich angerempelt habt. Daher gibt es keinen Grund für uns, zu kämpfen.«

Als der Schneider dem Zen-Meister später berichtete, was vorgefallen war, fragte er neugierig, was die Reaktion des Samurai zu bedeuten habe. Der Meister erklärte: »Er sah, dass du keine Angst vor dem Tod hattest. Da er keine Schwäche in dir spüren konnte, kam seine eigene Angst zum Vorschein!«

Der Feind, den wir besiegen müssen, sind eigentlich wir selbst, unser ungeläuterter Verstand: Ich selbst bin der Feind, den es zu besiegen gilt, ob ich ihn »Sucht« nenne oder »Anhaftung«, »Gier« oder »Minderwertigkeitsgefühle«, ist einerlei. Bevor ich den Geist unter Kontrolle bringe, muss ich zuerst einmal die eigenen Gedanken unter Kontrolle bringen, besser noch, jenseits der Grenzen des Verstandes gehen: widerstandslos sein wie das Wasser, beweglich, frei und doch der universellen Strömung gehorchend.

»Sich selbst bekriegen ist der schwerste Krieg.
Sich selbst besiegen ist der schönste Sieg.«
Friedrich Logau

Mut – ein Ausblick

Wenn wir erkannt haben, was wir eigentlich wollen, sollten wir auch den Mut haben, dafür ganz einzustehen. Den Mut, die Wahrheit zu erkennen und sie auch zu *be*kennen. Den Mut, etwas zu beginnen und notfalls auch zu verlieren:

> Wenn du dein Leben nicht so lebst,
> wie deine innere Stimme es dir eingibt,
> bekämpfst du das Beste in dir.
> Und endest gespalten
> und von dir selbst um dein Glück betrogen!

Leben Sie sich selbst. Verwirklichen Sie sich selbst und verwirklichen Sie Ihren Lebenstraum.

Ihr Kurt Tepperwein